FAMILIENREISEFÜHRER

SMÅLAND & ASTRID LINDGRENS VÄRLD
Willkommen in der Welt der Kinderhelden Pippi, Ronja & Michel

STOCKHOLM
Großstadt mit Badestränden, Designerläden und vielen Naturerlebnissen

GOTLAND
Die magische Ostseeinsel mit Traumstränden und einer Tropfsteinhöhle

SÜDSCHWEDEN

mit Stockholm

Inhalt

Südschweden

Die schönsten Badeplätze für Kinder finden Sie ab S. 19

Unser Autor

CARL UNDÉHN ist in Västerås, einer Stadt am See Mälaren westlich von Stockholm, aufgewachsen und lebt seit 2007 in Hamburg, wo er als freier Journalist und Fotograf tätig ist. Seine Sommerurlaube hat er schon als Kind immer in der südlichen Provinz Skåne verbracht. Heute fährt er oft und gern mit seiner eigenen Familie nach Südschweden. Die Ruhe, die Natur und die beschaulichen Städtchen – Carl hofft, dass die Leser dank dieses Buches die Schönheit und Vielfalt seiner Heimat entdecken werden.

Was Sie wissen sollten

Diese Zeichen und Symbole begleiten Sie durch das ganze Buch und geben Ihnen besondere Informationen:

Grün

Infos zur Region oder spezielle Empfehlungen für die Eltern gibt's in den grünen Kästen.

Orange

In den orangefarbenen Kästen stehen tolle Tipps oder Geschichten für Kinder.

Blau

Regionale kulinarische Genüsse oder ein Restaurant, in dem auch Ihre Kinder auf ihre Kosten kommen, finden Sie in den blauen Kästen.

Die Mini-Karte von Südschweden mit dem dicken roten, grünen oder blauen Punkt zeigt Ihnen auf einen Blick, an welchem Ort sich die jeweilige Adresse befindet.

1 SÜDSCHWEDEN FÜR ELTERN UND KINDER

Välkommen!

Schweden und Kinder gehören zusammen wie Wind und Wellen. Ohne das Land je besucht zu haben, kennen es die meisten nur zu gut aus ihren Kindheitstagen. Die Bücher von Astrid Lindgren, Elsa Beskow und Sven Nordqvist haben nicht nur unsere Kindheit, sondern auch das Bild von den Nachbarn im Norden geprägt. Ja, dieses Schweden aus unserer Kindheit gibt es wirklich! Wer durch die Wälder der Provinz Småland fährt, vorbei an roten Holzhäusern und Badeseen, bekommt schnell das Gefühl, mitten in Bullerbü zu sein. Auf der Insel Gotland steht die Villa Kunterbunt aus den Pippi-Langstrumpf-Filmen und in der südlichsten Provinz Skåne findet man den felsigen Naturpark Kullaberg, wo Nils Holgersson mit den Gänsen hinfliegt. Mit knapp neun Millionen Einwohnern und einer Fläche, die größer als Deutschland ist, gibt es in Schweden genug Platz und vielseitige Angebote für jeden Urlaubstyp. Die endlosen Wälder, langen Küsten, unzähligen Seen und kleinen, manchmal sogar privaten Inseln bieten Spaß und Abenteuer für Groß und Klein.

Mittsommer ist das wohl wichtigste Fest

Modern und traditionell zugleich
Ein Urlaub in Schweden wird oft mit viel Natur verbunden – und das auch ganz zu Recht. Aber neben der Ruhe in der Natur gibt es zur Abwechslung ebenso gemütliche Kleinstädte und trendige Großstädte.
Beim Mittsommerfest zeigen die Schweden, wie tief sie noch mit der Natur und uralten Traditionen verbunden sind. Gleichzeitig liebäugeln sie mit jedem neuen Trend, und das Land ist bekannt als Hochburg für Mode und Technologie. Vergangenheit und Moderne – in Schweden ist beides präsent.
Egal ob die Reise in ein Holzhaus mit privatem Bootssteg an einem

Bullerbü gibt es wirklich

einsamen See führt oder in die Szeneviertel Stockholms – man kann sicher sein, dass es für Familien mit Kindern überall jede Menge zu entdecken gibt. In den hellen Sommernächten bleiben die Kinder lange wach, die Eltern genießen es, dass die Kleinen ihren Bewegungsdrang hier unbeschwert ausleben und auf Entdeckungsreise gehen können. Es gibt keine gefährlichen oder giftigen Tiere und die hierzulande manchmal erwähnte „Mückenplage" ist eher eine überspitzte Legende. Auch die Großstädte haben sich auf Familien eingestellt, unter anderem mit zahlreichen Spielplätzen. Schweden ist ein sehr kinderfreundliches Land – und das auf allen Ebenen, vom Restaurantbesuch bis hin zur Politik. Die seit Jahrzehnten geförderte Familienpolitik hat dazu geführt, dass sich Karriere und Familienglück in Schweden nicht ausschließen. Firmen haben großes Verständnis für Angestellte, die schon um 15 Uhr den Arbeitsplatz verlassen, um die Kinder von der Kita abzuholen. Die meisten Eltern teilen die großzügige Elternzeit zu gleichen Teilen zwischen sich auf und auf den Spielplätzen sieht man ebenso viele Väter wie Mütter, die den Kleinen hinterherlaufen.

„Vergangenheit und Moderne – in Schweden ist beides präsent. Das Land ist bekannt als Hochburg für Mode und Technologie."

Kinderstühle sind in den Restaurants eine Selbstverständlichkeit und viele Unterkünfte bieten extra Buchungspakete für Familien mit Kindern an. Wickeltische sind in jeder öffentlichen Toilette zu finden. In Einkaufszentren gibt es selbstverständlich Still- und Wickelräume oder eben auch Kindertoiletten.

Feste und Bräuche

Die Schweden mögen ihre Traditionen, die mit großem Eifer lebendig gehalten werden. Neben Ostern, Weihnachten und Neujahr gibt es mehrere landestypische Feste, die man in Deutschland nicht unbedingt kennt.

Am letzten Tag im April wird mit der Walpurgisnacht der Winter verabschiedet und der Frühling begrüßt. Familien versammeln sich bei großen Feuern, die laut dem alten Glauben die bösen Hexen verjagen sollen. Diese kommen aber zu Ostern zurück, in

Form von Kindern, die sich am Gründonnerstag zu niedlichen Hexen, sogenannten Påskkärringar, verkleiden. Mit selbst gemalten Bildern gehen sie von Haus zu Haus und tauschen die Bilder gegen Süßigkeiten.
Das Mittsommerfest, das am Freitag nach dem 24. Juni stattfindet, ist für viele der wichtigste Tag des Jahres. Mit Blumen im Haar wird um einen mit Blüten und Blättern geschmückten Baum getanzt. Danach kommen Frühkartoffeln und eingelegter Hering zusammen mit Schnaps auf den Tisch, und es wird die ganze helle Sommernacht hindurch gesungen.
Im August und September wird das Ende des Sommers mit einer großen Mahlzeit gefeiert, dem Kräftskiva. Flusskrebse werden in einem Dillsud gekocht und zusammen mit großen Mengen von Bier und Schnaps zu Trinkliedern verzehrt.

Bargeldlos

Schweden gehört zu den Ländern, in denen meist mit „Plastikgeld" bezahlt wird. Wenn in Deutschland manche Bars keine Kartenzahlung akzeptieren, ist es in Schweden andersrum – kein Bargeld, nur Karte. In Schweden zahlt man auch sehr kleine Beträge mit Karte. Die öffentlichen Verkehrsmittel in vielen Städten funktionieren ebenfalls bargeldlos. Mitfahren dürfen nur diejenigen, die ein vor Abfahrt gekauftes Ticket haben oder mit Karte bezahlen, dann oft zu einem höheren Preis. Auch am Parkautomaten wird oft nur mit Karte oder per Handy bezahlt.

Beim Mittsommerfest schmücken sich auch die Kinder mit Blumen im Haar

Das vielleicht schönste von allen Festen ist auch das ruhigste. Am 13. Dezember kommt die Lichterkönigin Lucia mit Kerzen im Haar, um Licht in die dunkle Jahreszeit zu bringen. Neben offiziellen Lucia-Konzerten sieht man an diesem Tag überall in den Straßen Mädchen mit Lichtern im Haar. Lillejulafton, der „kleine" Weihnachtsabend am 23. Dezember, dient in Skåne der Vorbereitung. Überall im Land wird der Weihnachtsschinken, Bestandteil des schwedischen Weihnachtsmenüs, gekocht. Der Weihnachtsmann bringt die Geschenke am 24. Dezember. Eines haben fast alle Feste gemeinsam: Es dreht sich vieles ums Essen. Es gibt sogar Festtage, an denen es extra nur um ein gewisses Gericht geht. So findet am 25. März der Waffeltag statt und am 4. Oktober der Tag der Zimtschnecke (Kanelbulle).

Schwedische Fremdsprachenkompetenz

Mit nur neun Millionen Muttersprachlern haben die Schweden früh erkannt, wie wichtig das Erlernen von Fremdsprachen ist. Die meisten sprechen sehr gut Englisch. Filme und Fernsehen werden nicht synchronisiert, durch den großen Einfluss der angelsächsischen Kultur wachsen die Schweden mit der Sprache auf. Viele haben auch Deutsch in der Schule gelernt. Vor allem Menschen über 40 können sich oft auf Deutsch verständigen.

Die beste Reisezeit

Die meisten Urlauber kommen in der Hauptsaison zwischen Juni und August nach Südschweden – eine tolle Reisezeit: Dann ist es bis spät in die Nachtstunden hell, das Badewasser ist aufgewärmt und die Tagestemperaturen liegen meist bei angenehmen 25 Grad.

Für die Schweden fällt der Urlaubsanfang oft mit dem großen Mittsommerfest zusammen, auf Ende Juni. Betriebsferien sind noch weitverbreitet, bis Anfang August fährt das ganze Land runter auf Sparmodus. In den Sommermonaten verlässt man die Stadt, fährt zum eigenen Sommerhaus oder zu einem der vielen schönen Campingplätze an See oder Küste.

Der schwedische Sommer ist kurz und die Schweden wissen, wie man ihn in vollen Zügen genießt. Wenn es im August zurück an die Arbeit geht, schließen die Restaurants in kleineren Urlaubsorten und die Fähren zu den Schäreninseln verkehren seltener.

Auch außerhalb der Hauptsaison ist Südschweden eine Reise wert. Im Frühling blüht es nach dem langen Winter in jeder Felsspalte und die milden Temperaturen bringen gute Voraussetzungen für Wanderungen oder längere Fahrradtouren mit. Genauso bezaubernd lädt der Herbst nach Schweden ein, wenn die Badeseen immer noch relativ warm sein können und die bunten Blätter die Wälder in ein Farbspektakel verwandeln.

Der schwedische Winter ist zwar kalt, aber die Schweden wissen, wie man das Beste daraus macht. In der Vorweihnachtszeit werden in allen Fenstern Kerzenleuchter

Schweden in Zahlen

FLÄCHE: 450.000 km^2, davon über die Hälfte Wald und fast 10 % Seen und Flüsse. Die Länge Nord–Süd beträgt 1.600 km.
EINWOHNER: 9 Millionen.
WÄHRUNG: Schwedische Kronen (SEK). 1 EUR = ca. 10 SEK.
AMTSSPRACHE: Schwedisch. Samisch, Finnisch, Meänkieli, Jiddisch und Romani sind anerkannte Minderheitensprachen.
HAUPTSTADT: Stockholm, mit 900.000 Einwohnern auch die größte Stadt Schwedens.
RELIGION: 82 % der Schweden gehören der evangelisch-lutherischen Kirche an.

aufgestellt und in den Städten funkelt ein Lichtermeer als verzaubernder Kontrast zu den dunklen Nächten. Mit erfrischenden Spaziergängen an sonnigen Wintertagen und gemütlichen Abenden mit Kerzen und Freunden wird auch die kalte Jahreszeit in Schweden zu einem Vergnügen.

Milder, heller Sommer
Vor allem entlang der Westküste kann das Wetter sehr wechselhaft sein. Die Sonne geht plötzlich in einen Regensturm über und kurz danach ist der Himmel wieder wolkenfrei. Im Inland und an der Ostküste ist es oft stabiler. Im Frühling und Herbst kann es zum Teil regnerisch sein. Der schwedische Sommer ist kurz, hell und meist hat man tagsüber angenehme Temperaturen zwischen 20 und 25 Grad. Hitzewellen kommen vor, aber sogar an Tagen, an denen das Quecksilber 30 Grad übersteigt, kühlt es am Abend oft deutlich ab. Ein warmer Pullover sollte also immer im Gepäck sein. Auch an kühleren Tagen sind Sonnenschutz und eine Kopfbedeckung für die Kleinsten ein Muss. Im Winter kann es zum Teil recht kalt werden mit Temperaturen unter minus zehn Grad. Im Inland von Småland schneit es viel, an den Küsten generell weniger und in der südlichsten Provinz Skåne ist Schnee selten. An der Westküste wehen im Winter oft starke (und kalte) Winde. „Es gibt kein schlechtes Wetter, nur schlechte Kleidung“ – dieser Spruch ist in Schweden weitverbreitet.

Recht auf Natur

Allemansrätten, das schwedische Jedermannsrecht, macht es möglich, sich überall frei in der Natur zu bewegen. Damit kann man überall wandern, Fahrrad fahren, Ski laufen, paddeln, ja sogar sein Zelt da aufschlagen, wo man möchte. Pilze, Beeren und andere Leckereien der Natur können überall gesammelt werden. Ausgenommen sind nur private Gärten. Mit der Freiheit zu stöbern kommt auch eine gewisse Verantwortung. „Nicht stören oder zerstören“ heißt so viel wie, dass man die Natur so lassen soll, wie sie war, als man ankam – und dass man respektvoll mit ihr umgehen soll.

Viele der über 100.000 Badeseen Schwedens laden zum Badevergnügen ein

Was Eltern wissen sollten

Schweden liegt nicht weit entfernt von Deutschland, weder geografisch noch kulturell. Trotz aller Ähnlichkeiten gibt es aber auch Unterschiede. Eltern fragen sich wie vor jedem Urlaub im Ausland: Wie sicher ist es für mein Kind? Was müssen wir mitnehmen, was gibt es dort nicht? Wie sind die Standards dort? Womit können wir rechnen, falls etwas passiert?
Keine Sorge, denn die Schweden mögen es sicher, vor allem wenn es um Kinder geht. Schweden ist eines der modernsten und sichersten Länder der Welt. Alle Dienstleistungen sind gut ausgebaut, die Menschen sprechen meist Englisch und viele auch Deutsch. Dazu kommt, dass das Wohl der Kinder im Vordergrund steht. Kurz gesagt: Ein Urlaub in Schweden hat alle Voraussetzungen für eine entspannte Reise.

Sauberes Wasser
Wer nach Schweden reist, sollte eine leere Wasserflasche mitbringen. Das Trinkwasser hat überall gute Qualität, schmeckt hervorragend und wird laufend kontrolliert. Die leere Flasche kann also ohne Bedenken an jedem Wasserhahn nachgefüllt werden – das ist günstiger und umweltfreundlicher, als Flaschen zu kaufen. Gut zu wissen: In Restaurants ist Leitungswasser immer umsonst.
Die Wasserqualität an den Küsten und in den großen Seen ist generell gut. Auch in Stockholm, wo man von allen Seiten von Wasser umgeben ist, kann man mitten in der Stadt baden. An der Ostküste entstehen in manchen Jahren Algenblüten. Abgesehen von

dem dann eher unschönen grünen Schlamm sollen Kleinkinder während der Blüte nicht ins Wasser gehen, da es zu Erbrechen kommen kann. An offiziellen Badeplätzen wird mit Schildern darauf hingewiesen, wenn das Baden nicht empfohlen ist.
Mit über 100.000 Seen im Land gibt es alles – vom einsamen Waldweiher bis zum See Vänern, der als drittgrößter See Europas wie ein Binnenmeer anmutet. Die Wasserqualität kann unterschiedlich sein, wird aber von den Behörden kontrolliert (siehe Kasten). Dank der vielen Seen und der langen Küsten gibt es neben den offiziellen Badeplätzen weitaus mehr Möglichkeiten, ins Wasser zu steigen. Solche Plätze werden nicht kontrolliert.

Für Kinder vorbereitet
Im kinderfreundlichen Schweden werden Urlauber mit Kind auch ohne große Vorausplanungen vor Ort zurechtkommen. In fast allen Fällen kann man davon ausgehen, dass die Kinderausstattung, die benötigt wird, vorhanden ist.
Die meisten Restaurants stellen Kinderhochstühle für die kleinen Gäste bereit. Toiletten ohne einen klappbaren Wickeltisch sind eher die Ausnahme und meist sind die Wickeltische in Damen- wie auch Herrentoiletten zu finden.
Wer nicht mit dem eigenen Pkw anreist und einen Mietwagen vor Ort bucht, hat mehrere Möglichkeiten, einen Kindersitz zu bekommen. Alle

Sicheres Badevergnügen für die Kleinsten

Baden nach EU-Richtlinien

Alle Badeplätze in der Europäischen Union mit mehr als 200 Gästen pro Tag müssen registriert werden. Was nach einer rein bürokratischen Angelegenheit klingt, hat für Urlauber viele Vorteile. Bei einem sogenannten „EU-Bad“ wird das Wasser regelmäßig kontrolliert und Schilder liefern Informationen über die Qualität. Das Ergebnis? Die meisten Badeplätze werden unter „hervorragende Qualität“ eingestuft, nur eine Handvoll als schlecht. Die ganze Liste mit fast 3.000 Badeplätzen mit ihrer aktuellen Wasserqualität und Temperatur ist online unter www.havochvatten.se/badplatsen (auf Schwedisch und Englisch) zu finden.

Kindersitz für den Mietwagen – ein Muss

großen Mietwagenfirmen verfügen über einen Verleih. Es gibt aber auch günstigere Alternativen: Kinderläden, Versicherungsfirmen, Krankenhäuser und Feuerwehrstationen bieten oft die Möglichkeit, Kindersitze zu mieten. Und das zu sehr günstigen Preisen ab 3 Euro pro Tag. Der nationale Verband für Straßensicherheit NTF führt Listen über Vermietungsstellen auf seiner Homepage www.ntf.se auf.

Essen & Trinken

Husmanskost: Kartoffeln, Kartoffeln und noch mehr Kartoffeln

Köttbullar, Knäckebrot und Elchfleisch – so stellen wir uns die schwedische Küche vor. Aber Schweden bietet noch viel mehr. Zwar sind Köttbullar, die kleinen Fleischbällchen mit Kartoffeln und Preiselbeeren, sehr beliebt – vor allem bei Kindern. Aber bei über 3.000 Kilometer Küste und unzähligen Seen isst man natürlich auch gern Fisch. In den letzten zehn Jahren hat die neue skandinavische Küche mit ihren natürlichen Zutaten weltweit große Erfolge gefeiert.

Zu Festen wie Mittsommer und Weihnachten werden große Tische aufgestellt und mit unzähligen kleinen Gerichten beladen. Im Alltag wird traditionelle Husmanskost gekocht. Sie ist deftig und ähnelt in etwa der deutschen Küche.

Ob Fest oder Alltag, eine Zutat findet man fast immer: Kartoffeln. Gekocht, gebraten, im Ofen oder für die Vorliebe der schwedische Kinder gestampft. Hauptsache, Kartoffeln. Dazu kommen Fisch oder Fleisch, im Herbst Wild und Soßen mit Pilzen. Als süße Abrundung kombinieren die Schweden gern Beeren dazu.

Falukorv

Aus der Stadt Falun in Dalarna kommt nicht nur die traditionelle rote Farbe für die Holzhäuser, sondern auch die bei Kindern sehr beliebte Falukorv. Die große, fleischwurstähnliche Wurst muss nur kurz gebraten werden und hat so den Alltag für mehrere Generationen von Eltern einfacher gemacht. 40.000 Tonnen Falukorv werden in Schweden jährlich gegessen. Ursprünglich wurde die Wurst von deutschen Einwanderern, die in der Kupfergrube von Falun gearbeitet haben, hergestellt. Heute ist sie ein schwedisches Nationalgericht.

Zimtschnecken gehören zur Fika dazu

Grob gesagt werden an den Küsten mehr Fisch und Krabben gegessen, im Inland eher Fleisch. Aber die regionalen Unterschiede sind nicht so gravierend. Vielmehr sind es die Jahreszeiten, die entscheiden, was auf den Tisch kommt.
Im Winter werden gern deftige Eintöpfe mit Fleisch serviert. Wenn der Sommer kommt, steigt man auf die leichtere und mehr fischbetonte Diät um. In den warmen Monaten schwärmen die Schweden von den einheimischen Frühkartoffeln, die ab Juni mit Mengen von frischem Dill gekocht werden.
Der Klassiker für schwedische Kinder kommt nicht aus der heimatlichen Küche, sondern aus Italien: Pasta bolognese. Oder auf Schwedisch: Spaghetti med Köttfärssås.

Pünktlich im Restaurant

Die Schweden mögen Pünktlichkeit, das gilt auch beim Mittagessen. Um genau 12 Uhr wird das Büro verlassen und in den Städten füllen sich dann schnell die Restaurants. Wer in Ruhe essen möchte, wartet also bis 13 Uhr, wenn die Angestellten wieder bei der Arbeit sind.
Abendbrot wird oft schon um 18 Uhr gegessen, die meisten Restaurants halten die Küche bis 22 Uhr oder sogar länger auf. Kindermenüs werden oft angeboten, allerdings seltener in edleren Restaurants. Aber bei Nachfrage kann die Küche fast immer etwas für die Kleinen zubereiten. Babykostgläser können immer aufgewärmt werden. In den meisten Cafés stehen extra dafür Mikrowellen bereit, welche man benutzen kann, auch wenn man dort nichts bestellt hat.

Preise und Pizza

Essen gehen ist in Schweden teurer als in Deutschland. Ein Hauptgericht am Abend kostet ab 15 Euro, Vorspeisen manchmal fast genauso viel. Wegen der hohen Alkoholsteuer kostet ein Bier um die 7 Euro und ein Glas Wein ab 10 Euro (siehe Kasten S. 16). Leitungswasser ist immer gratis und von guter Qualität. Deutlich günstiger ist Essengehen zur Mittagszeit, wenn fast alle Restaurants ein preiswertes Lunchmenü anbieten. Für 6 bis 10 Euro bekommt man Salat, Hauptgericht, ein Getränk und Kaffee. Preiswert sind oft die beliebten „schwedischen Pizzerien“. Sogar in abgelegenen kleinen Örtchen findet man eine Pizzeria – nicht selten das einzige Restaurant im Ort. Die schwedische Pizza ist dicker und deftiger als die italienische Variante. Mit Zutaten wie Kebab, Rinderfilet und Bearnaise-Soße erinnert eigentlich nur die runde Form an die italienische Vorlage. Schmecken tut sie aber trotzdem. Und dank ihrer Größe ist die schwedische Pizza eine preiswerte Alternative.

Jedermannsrecht zum Schlemmen

Das Jedermannsrecht macht es möglich, die südschwedische Natur voll und ganz zu genießen. Das gilt auch für all die Leckereien, die man in der Natur findet. Im Sommer sind bei schwedischen Kindern Walderdbeeren, auf Schwedisch Smultron, sehr beliebt. Die kleinen rote Beeren werden gepflückt und eine nach der anderen auf einen Grashalm gesteckt, der als Spieß funktioniert. Im Spätsommer und Herbst lohnt es sich, während des Spaziergangs im Wald einen Eimer dabeizuhaben. Dort wachsen überall Blaubeeren, Preiselbeeren und die für Südschweden typischen Brombeeren.

Süßigkeiten nur am Samstag – und im Brot

Wer die langen Regale im Supermarkt voller einheimischer Süßigkeiten sieht, muss denken, dass sich schwedische Kinder nur von Schokolade ernähren. In Wahrheit ist ihr Zuckerkonsum strikt reguliert. Traditionell bekommen Kinder in Schweden Süßes nur am Samstag, sogenanntes Lördagsgodis. Vielleicht machen die Kleinen ohne große Proteste mit, weil sie an den anderen Tagen schwedisches Brot bekommen. Das ist zur Freude viele Kinder deutlich süßer als in Deutschland und enthält tatsächlich oft Beeren oder sogar Sirup. In den letzten Jahren ist aber auch Sauerteigbrot beliebter geworden. Aus Nordschweden kommt das weiche Tunnbröd, auf Deutsch Dünnbrot, was bei einheimischen Kindern sehr beliebt ist. Es kann mit allem gefüllt werden, wird zusammengerollt und gegessen. Praktisch und lecker! Bäckereien gibt es seltener als in Deutschland, Brot wird im Supermarkt gekauft. Dort findet man auch Regale voller Knäckebrot, auf Schwedisch Knäckebröd. Der Geschmacksunterschied zwischen den verschiedenen Sorten ist groß und probieren lohnt sich, vor allem da die Preise niedriger sind als in Deutschland.

Fika

Was einem während einer Reise in Schweden schnell auffällt, ist die hohe Dichte an Cafés. Die Schweden lieben Kaffee und trinken ihn in Mengen zu jeder Uhrzeit. Die Nachbarn auf der anderen Seite der Ostsee in Finnland sollen angeblich noch mehr Kaffee trinken, aber mit einem Jahreskonsum von 170 Litern pro Person landen die Schweden auf einem guten Platz 2 auf der Weltrangliste.

Weiches Tunnbröd aus Nordschweden

Systembolaget

„In Schweden kann man sich keinen Alkohol leisten!" Diesen Spruch hört man oft, aber stimmt er? Ja und nein. Schweden führt eine restriktive Alkoholpolitik und alle Getränke mit mehr als 3,5 % Alkohol kann man nur bei der staatlichen Kette Systembolaget kaufen. Das und eine hohe Steuer auf Bier, Wein und Schnaps soll zu einem geringeren Alkoholkonsum führen – und tut es laut Statistiken auch. Aber die Rede von den hohen Preisen stimmt hauptsächlich, wenn man Alkohol in einer Bar oder im Restaurant trinkt. Bei Systembolaget sind die Preise zwar etwas höher als in Deutschland, aber dank seiner Monopolstellung werden große Mengen eingekauft. Vor allem Weine können daher manchmal auch preiswert sein.

Kaffee ist in Schweden nicht nur eine Tasse schwarzes Gebräu, um wach zu werden. Vielmehr ist er Teil eines lebenswichtigen Rituals, genannt Fika. Dazu gehören neben Kaffee auch eine kleine Süßigkeit wie der Klassiker Kanelbulle (Zimtschnecke), gute Freunde, ein nettes Gespräch und der Genuss von freier Zeit.
Freunde verabreden sich zur Fika im Café, zu Hause, im Wald während einer Wanderung oder am Arbeitsplatz. Egal wo und wann, wenn es Zeit für eine Fika ist (und das kommt an einem Tag oft mehrmals vor), lässt man die Arbeit, oder was sonst zu tun ist, liegen und entspannt sich.

Getränke
Schweden ist eines der führenden Länder in der weltweiten Craft-Beer-Bewegung. In den letzten Jahren haben eine Menge kleiner handwerklicher Brauereien in den Städten sowie auf dem Land eröffnet, die spannende Biere herstellen.
Als Getränk zum Mittag trinkt man gern einfaches Leitungswasser. Im Sommer häufig aromatisiert mit Gurken oder Beeren. Auch der einheimische Cider ist beliebt. Er ist viel süßer als die französische oder britische Variante. Die alkoholfreie Version kommt auch bei Kindern gut an. Säfte gibt es eher zu Feierlichkeiten und Saftschorlen wie in Deutschland sind unbekannt. Aber südschwedischer naturtrüber Apfelmost schmeckt so gut, dass man bald Kiba & Co. vergessen hat.
Beliebte Kindergetränke, auch perfekt als Zwischenmahlzeit, sind die dickflüssige Hagebuttensuppe (Nyponsoppa) und die Blaubeersuppe (Blåbärssoppa), welche warm oder kalt genossen werden.
Ungewöhnlich für Deutsche ist vielleicht die Gewohnheit, Milch zum Essen zu trinken. Nicht nur Kinder, sondern auch Erwachsene bestellen gern Milch zu ihren Köttbullar. Die Schweden lieben Milchprodukte und die Auswahl an verschiedenen Arten von Joghurts, Sahne und Quark ist enorm. Landestypisch ist die Filmjölk, eine dickflüssige und mild-säuerliche Buttermilch, welche zum Frühstück gegessen (nicht getrunken) wird.

2

KINDERFREUNDLICHE BADEPLÄTZE

Badevergnügen im Meer und See

In Südschweden gibt es Badespaß für alle Geschmäcker. Wer lange Sandstrände mag, ist in den südlichsten Landesteilen richtig. In den Regionen Skåne, Halland und auf den Inseln Öland und Gotland sind die Küsten wahre Sandkästen.
Und falls man beim Baden nicht zu viel Sand zwischen den Zehen haben möchte, sind die Küsten etwas nördlicher die richtige Wahl.
In den Regionen Västergötland, Bohuslän sowie an großen Teilen der Ostküste findet man die typische Schärenlandschaft mit Tausenden Inseln und sonnenwarmen Felsen.

Blå Flagg

Neben den normalen Kontrollen des Badewassers gibt es auch in Schweden das internationale Umweltzeichen Blaue Flagge (auf Schwedisch Blå Flagg). Strikte Kriterien zur Wasserqualität und zum Umweltmanagement müssen erfüllt werden, um das blaue Stück Stoff an der Fahnenstange hissen zu dürfen. Die Vergabe gilt jeweils nur für eine Saison. 2016 wehte an zehn Stränden in Schweden die Blaue Flagge. Mehr Informationen auf www.blueflag.global/beaches2.

Wikinger am Strand

Das **WIKINGERMUSEUM FOTEVIKEN** bei Falsterbo-Skanör ist kein gewöhnliches Museum mit Gegenständen im Glaskasten. Stattdessen wird man hier in das Jahr 1134 zurückgeschickt. Das Museum ist ein Dorf mit über 20 nachgebauten Häusern aus dem Mittelalter, in denen zum Teil Schauspieler wohnen. Alles, um Geschichte so lebendig wie möglich zu machen. Tipp: Auch Besucher können im Dorf übernachten.
Museivägen 27, 236 91 Höllviken, Tel. +46 40 33 08 00, www.foteviken.se. Mai Di-Fr 10-17, Juni-Aug tägl. 10-17, Sep Mo-Fr 10-17 Uhr. Erw. 90 SEK, Kinder (6-15 J.) 30 SEK, Familien 220 SEK.

Im Inland finden Abkühlungsuchende Hunderte von Badeseen. Viele mit Wasser, das so sauber ist, dass sie gleichzeitig als lokale Trinkwasserquelle benutzt werden.
Mit über 100.000 Seen im Land kann man sicher sein, einen passenden für sich zu finden – oder sogar einen privaten. Auch in der Hochsaison von Juni bis August sind die Strände und Badeplätze aus deutscher Sicht wenig besucht und Gedrängel bleibt aus.
Egal ob man lieber im salzigen Meer- oder im klaren Süßwasser die Erfrischung sucht, in Schweden werden Familien fündig und es ist nie weit bis zur nächsten Bademöglichkeit.

Skanör-Falsterbo, Skåne

Bunte Umkleidekabinen am Strand von Skanör

Auf der Halbinsel Skanör-Falsterbo, die an der Südwestspitze Schwedens ins Meer hineinragt, ist ein Stück Karibik in Skandinavien zu finden. Lange, sanft abfallende Strände mit weißem Sand, Dünen und flachem, türkisfarbenem Wasser machen die Halbinsel zum idealen Ort für Familien mit Kindern.

Die Halbinsel wird von der Landstraße 100 geteilt – der einzige Weg nach Skanör-Falsterbo. An schönen Sommertagen kann es deswegen zu Staus kommen. Nördlich der Straße liegt Skanör, ein niedliches Örtchen mit alten Villen und einem zauberhaften Strand, der auch mit dem internationalen Umweltzeichen, der Blauen Flagge, gekennzeichnet ist (siehe Kasten S. 18).

Direkt am Strand gibt es eine Fischräucherei, an der Hauptstraße sind eine Pizzeria mit Eiscafé sowie eine Handvoll exklusiver Restaurants zu finden. Bunte kleine Strandhütten aus Holz bilden einen schönen Kontrast zum weißen Strand. Es gibt WCs, Kiosk, Umkleidekabinen und Netze für Beachvolleyball. Im Sommer sind Rettungsschwimmer vor Ort.

Auf dem südlichen Teil der Halbinsel liegt Falsterbo, etwas nobler und oft voller als Skanör. Hierher kommen nicht nur Badegäste, sondern auch viele Golfer. Der Golfplatz direkt am Wasser gilt als einer der schönsten Schwedens. Im Juli findet hier jährlich das Spring- und Dressurturnier Falsterbo Horse Show statt.

Der Strand bei Falsterbo ist genauso groß und schön wie im Norden der Halbinsel. Es gibt WCs, einen Kiosk und die Informations- und Ausstellungshalle **FALSTERBO STRANDBAD** mit einem angeschlossenen Restaurant *[Strandbadsvägen 30, 239 42 Falsterbo, Tel. +46 40 635 44 00]*.

ANREISE: *Mit Pkw aus Malmö folgt man der Autobahn E6/E22 Richtung Trelleborg und biegt auf die Landstraße 100 ab. Skanör und Falsterbo sind ausgeschildert. Im Hafen von Skanör gibt es Parkplätze, in der Hochsaison mit Parkleitsystem.*
Aus Malmö fährt auch der Bus 100 in etwa 50 Minuten bis Skanör und Falsterbo.

Sandhammaren, Skåne

Die ganze Südküste von Skåne ist eigentlich ein unendlich langer Sandstrand. Dass sich manche Teile davon offiziell als Badestrand etabliert haben, scheint eher ein Zufall zu sein. Bei **SANDHAMMAREN** *[Sandhammarvägen, 271 77 Löderup]* hat auf jeden Fall der weiße Sand eine entscheidende Rolle gespielt. Jahrhundertelang war dieser Küstenabschnitt eine Plage für Seemänner, heute liegen hier einige der beliebtesten Strände Südschwedens.
Die Erklärung dafür liefern die Strömungen und die dadurch entstehenden Sandbänke. Auf ihnen liefen Schiffe auf Grund, Hunderte sollen noch unter Wasser zu finden sein. Daher kann man hier auch das angeblich älteste noch erhaltene Rettungsboot der Welt aus dem Jahr 1855 finden. Heute freuen sich Badegäste auf die Möglichkeit, auch weit draußen im Wasser auf den Sandbänken spazieren gehen zu können. Da, wo man nicht stehen kann, muss man allerdings auf die Strömungen aufpassen, sowohl Kinder als auch Erwachsene. An Tagen mit besonders starken Strömungen wird auf Schildern gewarnt. Sandhammaren wurde einige Jahre zum „Besten Sandstrand Schwedens" gewählt. Hier gibt es WCs und einen Kiosk, der auch kleinere Gerichte anbietet.

ANREISE: *Von der Landstraße 9, die zwischen Ystad und Simrishamn verläuft, biegt man bei Kabusa, östlich von Ystad, auf Östra Kustvägen ab. Nach etwa zehn Kilometern ist Sandhammaren ausgeschildert. Parkplätze sind am Kiosk am Ende der Straße vorhanden.*

Ales Stenar

Auf einem Hochplateau westlich von Sandhammaren liegt Ales Stenar (bei Löderup), die größte sogenannte Schiffssetzung Skandinaviens. 59 Felsblöcke bilden die Form eines fast 70 Meter langen Schiffs. Die Forscher wissen weder, wie alt es ist, noch wofür es gebaut wurde. Irgendwann zwischen 600 und 1000 n. Chr wurden die Steine aufgestellt. Vielleicht als Grabmonument oder als eine astronomische Uhr. Sicher ist nur, dass zusammen mit der steil abfallenden Küste und dem Meer ein eindrucksvolles Bild entsteht, vor allem bei Sonnenuntergang.

Ales Stenar: Steinblöcke in Schiffsform

Tylösand, Halmstad, Halland

Wenn Schweden das Wort „Tylösand" hören, denken sie sofort an Urlaub, Sonne und Meer. Tylösand bei Halmstad an der Westküste ist das berühmteste Strandbad Schwedens. Hier wird das Leben am Wasser gefeiert: sieben Kilometer Sandstrand, seichte, kinderfreundliche Einstiege ins Meer, Wind und Wellen für Windsurfing, Strandbars und Restaurants.

Beachboys in Tylösand

Kinder, die in Halmstad aufwachsen, werden zu Beachboys und -girls. Dann muss es natürlich auch Wellenreiter geben. In den 70er-Jahren wurde in Halmstad der erste Surfclub Schwedens gegründet. Die Pioniere hatten damals die Wellen für sich, in den letzten Jahren ist aber das Interesse gewachsen. An windigen Tagen, vor allem im Herbst, paddeln die Surfer auf ihren Brettern aufs Meer. *Beim Söderpiren in Halmstad werden Surfkurse angeboten: Tel. +46 704 73 01 20. Ein Anfängerkurs dauert 3 Std. und kostet 500 SEK/Person.*

Tylösand ist das berühmteste Strandbad

Lange war Tylösand ein Ort für die Bessergestellten. Im Badeanzug sind heute alle Besucher gleich, es kommen Menschen aus allen Teilen der Gesellschaft hierher, um den Sommer zu genießen. Und es kommen viele! Im Sommer wird der Strand für schwedische Verhältnisse ziemlich voll. Aufgrund seiner Größe kann aber trotzdem jeder sicher sein, ein Plätzchen zu finden.
Familien mit kleinen Kindern zieht es zum nördlichen Teil des Strandes, genannt Ringenäs. Dort ist der Einstieg am flachsten. Gehwege und Brücken führen über die Dünen und die Stimmung ist etwas ruhiger. Rettungsschwimmer sind von Juni bis August jeden Tag vor Ort.
Im Amphitheater Solgården, direkt am Strand, finden im Sommer jeden Abend Konzerte statt. Dort sammeln sich dann Hunderte feiernde Menschen und lassen in Tylösand Ibiza-Stimmung aufkommen.

ANREISE: *Tylösand liegt acht Kilometer westlich von Halmstad. Mehrere große Parkplätze sind ausgeschildert. Am Strand findet man alles, was man braucht: WCs, Kioske, Cafés und Restaurants.*

Böda Sand – 20 Kilometer Sandkasten

Böda Sand, Öland

Die lange und schmale Insel Öland an der Ostküste ist ein schwedisches Sommerparadies. 25 Campingplätze gibt es dort – ein klares Zeichen dafür, dass Öland ein beliebtes Ziel für Urlauber ist. Und Urlaub auf Öland heißt für die Schweden: Sonne und Baden am langen Sandstrand.
Das gilt vor allem für Böda Sand: weißer Sand, flache Einstiege und ein 20 Kilometer langer Strand, der scheinbar kein Ende hat. Böda Sand ist seit Langem Favorit bei schwedischen Familien und ein Paradies für Kinder. An einigen Strandaufgängen gibt es Holzwege für Kinderwagen, die bis zum Wasser führen. Im Sommer finden Aktivitäten wie Schnitzeljagden und Fußballturniere für Kinder statt. Und falls den Kleinen das Meerwasser doch zu salzig oder zu kalt ist, bietet sich ein Besuch im Schwimmbad beim Campingplatz **KRONOCAMPING BÖDA SAND** an *[Bödasandsallén 11, 387 73 Löttorp, Tel. +46 485 222 00, www.bodasand.se. Tagesticket 120 SEK, Familien (4 Pers.) 380 SEK, Kinder (bis 2 J.) Eintritt frei]*. Hier laden ein beheizter Außenpool, sechs Wasserrutschen, Wasserkanonen und Planschbecken zum Badespaß ein.
Auch ältere Kinder und Erwachsene finden am Böda Sand ein vielfältiges Angebot mit Tretbootverleih, Beachvolleyball, Windsurfing und Schnorcheln. Im kleinen Ort gibt es einen Supermarkt mit allem, was man für einen Tag am Strand braucht.

ANREISE: *An der Nordostküste von Öland. Nach der Brücke über die Landstraße 136 Richtung Borgholm. Nach Borgholm weiterfahren Richtung Norden, Böda ist ausgeschildert.*

Kamele statt Elche

Alle Schwedenurlauber hoffen, einen Elch zu sehen. Auf Öland gibt es wenige Elche, dafür aber Kamele! Auf der **ORMÖGA KAMELRANCH** können Kinder auf den Wüstenschiffen reiten. Außerdem gibt es dort einen Streichelzoo mit einheimischen Tieren wie Schweinen, Schafen und Kaninchen.
Mai-Okt 12-17 Uhr, kamelranch.se. Kamelreiten nur bei gutem Wetter. Eintritt 80 SEK, Kamelreiten 80 SEK.

Schatzinsel Gotland

Schaufeln zum Sandburgenbauen dürfen bei einem Strandurlaub nicht fehlen. Auf der Insel Gotland kann es sich auch lohnen, etwas tiefer zu buddeln. In keinem anderen Ort in Schweden sind so viele Schätze vergraben. Dank seiner Lage in der Ostsee war Gotland schon zur Wikingerzeit eine reiche Insel. In unruhigen Zeiten wurden die Schätze in der Erde vergraben – und offenbar nie wieder herausgeholt. Mehr als 700 Silberschätze wurden dort bereits gefunden, und es tauchen immer wieder neue auf.

Austre bei Holmhällarna, Gotland

Die Ostseeinsel Gotland ist ein einziger Badestrand. Aber wer sich nur mit dem Besten zufriedengibt, sollte sich auf den Weg zur Südspitze der Insel machen. Dort liegt ein Strand mit dem schönen Namen Austre. Der weiche Sand und der flache Einstieg machen ihn besonders beliebt bei Familien. Neben Toiletten und einem Volleyballplatz gibt es nicht viel Service, dafür aber viel Naturschönheit. Durch die Südlage hat man hier viel Sonne und man kann sowohl Sonnenaufgang als auch -untergang genießen. In den Dünen findet man öfter Besucher, die dort ihre Zelte aufstellen, um das Lichtspektakel am Morgen zu erleben.

Vom Strand fällt der Blick auf die Insel Heligholmen, die man bei Ebbe mit Guide besuchen kann, um mehr über die Vögel dort zu lernen (in der zweiten Märzhälfte aufgrund der Brutzeit keine Führung). Auf eigene Faust, ohne Guide, sollte man nicht zur Insel wandern, da es gefährliche Unterwasserströmungen gibt.

Östlich des Badeplatzes stehen die für Gotland typischen Kalksteinsäulen, die Raukar. Dort liegt auch die Pension **HOLMHÄLLARNA** *[Vamlingbo, Austre 980, 623 31 Burgsvik, Tel. +46 498 49 80 30, www.holmhallar.se. Tägl. 9-19 Uhr]*. Neben Eis und Getränken bietet ein Kiosk auch Mittagessen an.

ANREISE: *Austre liegt 90 Kilometer südlich von Visby. Die Landstraße 142 führt Richtung Süden bis Vamlingbo, von dort den Schildern Richtung Holmhällarna folgen.*

Von Wind und Wetter geformte Raukar

Der Leuchtturm von 1842 auf den Granitfelsen von Hållö

Marmorbassängen, Hållö, Bohuslän

Die Insel Hållö an der schwedischen Westküste ist ebenfalls ein Badeparadies. Der steinige Landstrich ist umgeben von klarem Meerwasser. Die raue, natürliche Schönheit lockt viele Besucher an. Die Landschaft ist stark von der letzten Eiszeit vor 12.000 Jahren geprägt. Ihre Granitfelsen bilden die fantasievollsten Formen, bei denen man glauben könnte, ein menschlicher Künstler habe Hand angelegt. Zusammen sind sie ein Gesamtkunstwerk für badefreudige Urlauber, was Hållö den Preis als „Beste Badeinsel Schwedens" eingebracht hat. Allerdings muss man hier richtig schwimmen können, weswegen Hållö für kleinere Kinder nicht geeignet ist.

Die Felsen bieten unzählige Möglichkeiten zum Baden, hier findet jeder seinen eigenen, von der Sonne gut aufgewärmten Stein, um von dort ins Wasser zu steigen. Auch in der Hochsaison verteilen sich die vielen Besucher gut über die Insel. Der beliebteste Badeplatz auf Hållö ist Marmorbassängen, eine Bucht, in der die Felsen besonders sanft ins Wasser führen – ein guter Ort zum Schnorcheln. Es gibt zwei WCs, einen Leuchtturm von 1842 und die **JUGENDHERBERGE UTPOST HÅLLÖ** *[Hållö Naturreservat, 456 25 Smögen, Tel. +46 70 353 68 22, www.utposthallo.se]* mit einem Café, das für seine Waffeln und den 360-Grad-Blick bekannt ist.

ANREISE: *15 Min. mit der Fähre „Hållöexpressen". 26. Juni-20. Aug Abfahrt tägl. jede halbe Stunde von 9.30-16.30 Uhr ab Bäckeviks-torget in Kungshamn. Rückfahrkarte Erw. 100 SEK, Kinder (bis 12 J.) 50 SEK. Zurück von Hållö jede halbe Stunde von 9.45-17 Uhr.*

Varamobaden, Östergötland

Am Ostufer des Vätternsees, nördlich der Stadt Motala, liegt Nordeuropas längster Seebadeplatz: Varamobaden. Der fünf Kilometer lange Sandstrand wird oft als bestes Seebad Schwedens bezeichnet. Klares Wasser und der lange, flache Einstieg machen es zu einem Badespaßparadies für die ganze Familie. Außerdem soll der Ort 80 Sonnenstunden mehr im Jahr haben als im schwedischen Durchschnitt. Dank der Lage in einer Bucht wird das Wasser schnell aufgewärmt. Am zweitgrößten See Schwedens kommt fast etwas Meeresgefühl auf – trotz Süßwassers.

An windigen Tagen ist Varamobaden ein beliebter Ort für Kitesurfer. Entlang des langen Strandes gibt es Minigolf, Fußballfelder, Volleyball- und Tennisplätze sowie Spielplätze. **BEACHCRIB VARAMOBADEN** *[Stormvägen 7, 591 72 Motala, Tel. +46 141 23 42 00, www.varamobaden.com]* bietet neben Café und Restaurant auch Stand-up-Paddling, Bootsverleih und einen Hochseilgarten. Im Juni findet dort ein dreitägiges Summer Camp statt, in dem Kinder von 8 bis 14 Uhr Aktivitäten wie Windsurfing, Paddeln und mehr ausprobieren können.

Wer doch lieber im Chlorwasser badet, geht ins **MOTALABADET** *[Mariebergsbadet, 591 72 Motala, Tel. +46 72 333 82 55. Ende Mai-Ende Aug. Erw. 50 SEK, Kinder (15-17 J.) 30 SEK, (bis 15 J.) frei]*. Drei beheizte Außenpools, eine Wasserrutsche, Badewiesen und Saunas laden zum Verweilen auch bei schlechtem Wetter ein.

Entlang des Strandes gibt es mehrere Übernachtungsmöglichkeiten. In einem kleinen Wald gleich am Strand stehen einfache, aber gemütliche Strandhütten, die vermietet werden. Außerdem gibt es auch Campingplätze und eine Jugendherberge direkt am Strand.

ANREISE: *Über die Autobahn E 4 nach Motala. Von Motala ist Varamobaden ausgeschildert. Parken ist entlang der Straßen Badstrandsvägen und bei Stormvägen in Strandnähe möglich. In Varamobaden gibt es keine Rettungsschwimmer, lediglich Rettungsringe.*

Badevergnügen im zweitgrößten See

Vitsand, Tivedens Nationalpark, Västergötland

Der kleine Nationalpark Tiveden zwischen Göteborg und Stockholm wird Schwedens südlichste Wildnis genannt. In dem Gebiet waren nie Menschen sesshaft, der Wald wurde nur von den Tieren der umliegenden Höfe bewohnt. Mitten im Nationalpark, umgeben von Felsen und Bäumen, zwischen denen sich Elfen und Trolle zu Hause fühlen würden, liegt der See Trehörningen mit dem Strand Vitsand. Vitsand ist einer der kinderfreundlichsten Badeplätze, da nicht nur der Einstieg, sondern der ganze See flach ist und sich das Wasser schnell erwärmt. Kinder können weit in den See hinauslaufen, ohne dass das Wasser höher als zum Bauch geht.

Flacher Einstieg in den See Trehörningen

Trolle und Wichtel in Tiveden

Schon bei der Einfahrt zum Nationalpark Tiveden stehen sie vor einem. Zwei Trolle begrüßen die Besucher, um zu demonstrieren, dass man jetzt ihr Reich betritt. Die wilde Natur in Tiveden hat schon immer dazu geführt, dass Menschen sich hier mehr als sonst von Trollen, Elfen und Wichteln umgeben gefühlt haben. Es ist daher nicht überraschend, dass einige Szenen von „Ronja Räubertochter“ in Tiveden gedreht wurden.

Da es sich hier um ein Naturbad handelt, wird wenig bis gar kein Service vor Ort angeboten. WCs, Feuerstellen zum Grillen und Mülltonnen sind aber vorhanden. Der Picknickkorb mit Essen und Getränken sollte also vorher gepackt werden, da es in dem Naturschutzgebiet weder Kioske noch Restaurants gibt.
Allerdings macht die Ruhe und Wildheit auch genau den Reiz dieses Plätzchens aus: ein Sandstrand am Badesee mit kristallklarem Wasser, mitten im tiefen Kiefernwald.

ANREISE: *Am einfachsten erreicht man den Nationalpark von Süden über die Landstraße 49. Folgen Sie den Schildern „Tivedens Nationalpark“ bis zum Haupteingang. Von da aus ist Vitsand ausgeschildert. Es gibt einen Parkplatz direkt am Strand.*

Stockholm ist buchstäblich von Wasser umringt

Smedsuddsbadet, Stockholm

In Stockholm ist es nie weit zur nächsten Badestelle. Die schwedische Hauptstadt ist auf 14 Inseln erbaut und buchstäblich von Wasser umringt. In den hellen Sommernächten sieht man Jugendliche, die auf dem Weg nach Hause mitten in der Stadt schnell noch einmal ins erfrischende Nass springen.
So praktisch das urbane Badevergnügen auch ist, für Familien mit Kindern ist es nicht immer ideal. Sie gehen lieber in den **RÅLAMBSHOVSPARKEN** *[Smedsuddsvägen 6, 112 35 Stockholm]*. Der zentrale Park ist ein beliebter Treffpunkt im Sommer und besonders kinderfreundlich. Er verströmt noch viel vom urbanen

Im Sommer baden, im Winter Auto fahren

Wenn man im Sommer gerade aus dem erfrischenden Badesee steigt und sich in die Sonne legt, ist es schwer zu glauben: Aber auf manchen Seen in Schweden wird im Winter nicht nur Schlittschuh, sondern auch Auto gefahren. Wenn gesichert ist, dass das Eis zwei Tonnen trägt, werden Straßen auf dem zugefrorenen Wasser freigegeben. Das gilt natürlich vor allem in den nördlichen Teilen des Landes. Aber auch auf dem See Hjälmaren südlich von Stockholm wird in kalten Wintern ein fünf Kilometer langer „Eisweg" geöffnet.

Flair Stockholms. Dank seiner Lage in einem Dreieck zwischen den Inseln Kungsholmen, Långholmen und Södermalm hat man einen schönen Blick auf die Altstadt, das Rathaus und den Fjord Riddarfjärden. An sonnigen Tagen ist der Park voll mit Stockholmern, die sonnenbaden, Fußball spielen oder einfach in einem der Cafés die Zeit vergehen lassen. Familien mit Kindern gehen gern auf die andere Seite der 600 Meter langen Brücke Västerbron aus dem Jahr 1935. Dort liegt **SMEDSUDDSBADET** *[Smedsuddsvägen, 112 35 Stockholm]* mit einem flachen Sandstrand, einem langen Steg ins Wasser und einer großen Badewiese. Auch hier findet man ein Café mit Eis und Getränken. Wer grillen möchte, kann eine der öffentlichen elektrischen Grillstellen nutzen. Auf einem Steinsockel am Strand steht das **KAFÉ KAJAK** *[Smedsuddsvägen 23, 112 35 Stockholm, Tel. +46 8 656 57 56, www.kafekajak.se. Bei gutem Wetter geöffnet]*, in dem man Kaffee und Kuchen genießen oder ein Kajak mieten kann.

Angeln dank Jedermannsrecht erlaubt

Angeln

Mit langen Küstenstreifen und vielen Seen ist Schweden natürlich ein Paradies für Angler. Im Unterschied zu Deutschland braucht man keinen staatlichen Angelschein. Dank Jedermannsrecht darf man fast überall frei angeln. An den Küsten sowie an den Seen Vänern, Vättern, Mälaren, Hjälmaren und Storsjön kann man frei, ohne Schein, angeln gehen. Für alle anderen Seen braucht man ein sogenanntes Fiskekort, das in den lokalen Tourismusbüros verkauft wird (Preise variieren, selten mehr als 10 Euro pro Tag). Für die Region Småland gibt es die Angel-App „Fish Kingdom“ (Android und iOS), mit der es neben Tipps und Informationen auch Angelscheine direkt via Smartphone zu kaufen gibt. Natürlich müssen Angler die Natur respektieren und sie so verlassen, wie sie sie vorgefunden haben.

ANREISE: *Nächste U-Bahn-Station ist Fridhemsplan (Ausgang Fridhemsplan) auf der Blauen Linie oder mit dem Bus 4 bis Haltestelle Västerbroplan. Vor dem Strand gibt es einen kleinen Parkplatz. WCs, Umkleidekabinen und Duschen sind vorhanden. Der Badeplatz ist ein EU-Bad und die Wasserqualität wird regelmäßig geprüft.*

3

ZEHN TOUREN, DIE ALLEN SPASS MACHEN

Tour 1: Strand, buntes Stadtleben und Wissenschaft

MALMÖ • LUND

WO: *Malmö, die südschwedische Großstadt an der Westküste, und Unistadt Lund –* **DAUER:** *Malmö bietet genug für mehrere Tage, für Lund passt eine Tagestour –* **NICHT VERGESSEN:** *Badekleidung, Kamera, Snacks und Getränke*

Malmö

Malmö ist in vielerlei Hinsicht die im Moment interessanteste Stadt Schwedens. Sie ist die drittgrößte Stadt des Landes (300.000 Einwohner) und hat seit der Jahrtausendwende einen großen Wandel erlebt – von einer alten Industriestadt hin zu einer modernen Dienstleister- und Wissenschaftsmetropole. Der Wendepunkt kam durch die im Jahr 2000 eröffnete Öresundbrücke, welche Malmö mit Kopenhagen verbindet. Seitdem wächst die Stadt und lockt vor allem viele junge Menschen an.

In Malmö hat man das Gefühl, dass der Begriff „kleine Großstadt" für diese Stadt geschaffen wurde. Von den schönen königlichen Parks über gute Shoppingmöglichkeiten in der übersichtlichen Innenstadt bis zum Multikulti-Leben im Szeneviertel Möllan ist alles immer nur einen kurzen Fußweg entfernt. Oder auch – wie man es in Malmö gern macht – auf dem Fahrrad.

Sommervergnügen in Malmö: am Kanal sitzen, Schiffe gucken und Eis essen

Malmö als Fahrradstadt

Malmö möchte eine der umweltfreundlichsten Städte der Welt werden. Ein Vorteil für Radler ist, dass die Stadt flach wie ein Pfannkuchen ist. Außerdem bietet sie ein gut ausgebautes Netz an Fahrradwegen. Die Entfernungen sind kurz in der kleinen Großstadt. Malmö vom Fahrradsattel aus zu erkunden ist für jeden Besucher empfehlenswert. Die meisten Hotels bieten Leih- oder Mietfahrräder an. Im Tourismusbüro neben dem Hauptbahnhof bekommt man einen Fahrradstadtplan.

Strand und Umweltbewusstsein
Malmö ist sehr stolz auf seinen 2,5 Kilometer langen Stadtstrand **RIBERSBORG.** Er liegt sehr zentral und ist vom Hauptbahnhof zu Fuß zu erreichen. Dank des flachen Einstiegs ist Ribersborg auch für kleinere Kinder gut geeignet. Für ältere gibt es mehrere Piers, von denen man ins kühle Nass springen kann. Im Sommer werden kostenlose Schnorchelkurse für Kinder und Erwachsene angeboten. Tickets müssen aber im Voraus bei der Information am Strand abgeholt werden *[Informationsdesk von SEA-U, Ribersborgsstigen 6, zwischen Badesteg 5 und 6].*
Seit 1898 findet man hier das **KALLBADHUS** *[Limhamnsvägen, Brygga 1, 217 59 Malmö, Tel. +46 40 26 03 66, www.ribersborgskallbadhus.se. Mai-Aug Mo/Di/Do/Fr 9-20, Mi 9-21, Sa/So 9-18 Uhr, Sep-April Mo/Di/Do/Fr 10-19, Mi 10-20, Sa/So 9-18 Uhr. 65 SEK, Kinder (bis 7 J.) Eintritt frei]*, ein Meeresbad auf Stelzen und eine Institution der Stadt. Dorthin gehen die Malmöer das ganze Jahr über, um in der Sauna zu schwitzen und sich anschließend im Meer abzukühlen. Hinterm Strand befindet sich der ruhige Stadtteil **SLOTTSSTADEN** *[zwischen den Straßen Mariedalsvägen, Köpenhamnsvägen, Major Nilssonsgatan und Strand]* mit kleinen Boutiquen und dem kinderfreundlichen **RESTAURANT VIA NAPOLI** *[Sergels Väg 11, 217 57 Malmö, Tel. +46 40 26 84 00, www.vianapoli.se. Mo-Fr 11-23, Sa 12-23, So 12-22 Uhr. Pizza ab 100 SEK]*, eine neapolitanische Pizzeria und die einzige in Schweden mit Zertifikat des neapolitanischen Pizzabäckerverbands APN.

Västra Hamnen – umweltfreundlich und spektakulär
Wo früher hart in der Schiffswerft geschuftet wurde, befindet sich heute ein Vorzeigeviertel für grünes Wohnen. Der umweltfreundliche Stadtteil **VÄSTRA HAMNEN** wurde zur Bauausstellung im Jahr 2001 eingeweiht und wird seitdem ständig vergrößert. Mittendrin steht das gedrehte Hochhaus Turning Torso, welches mit seinen 190 Metern das Symbol für das neue Malmö ist.
Västra Hamnen ist einer der beliebtesten Treffpunkte der Stadt. Vor allem entlang der Strandpromenade und am Badeplatz **SCANIABADET** *[Bus Linie 2 zur Haltestelle Scaniabadet, Parkplätze entlang Västra Varvsgatan]* tobt das Leben. Von Mitte Juni bis Mitte

August wird dort die Kindersendung „Sommarlovsmorgon“ gedreht. Jeden Morgen versammeln sich Hunderte Kinder am Strand, um bei den Dreharbeiten dabei zu sein. Der Stadtteil ist größtenteils autofrei und mit Spielplätzen wie **SOLLEKPLATSEN** (Sonnenspielplatz) *[Flaggskeppsgatan 18, 211 14 Malmö, Bus Linie 2, Haltestelle Scaniabadet]* mehr als kinderfreundlich. Der **STAPELBÄDDSPARKEN** *[Stapelbäddsgatan 3, 211 19 Malmö, Bus Linie 8, Haltestelle Stapelbäddsparken]* ist Europas größter Skatepark, wo Möglichkeiten zum Klettern bestehen und im Sommer Konzerte stattfinden.

Blick auf den Turning Torso

Thematische Spielplätze

In Malmö gibt es 20 besondere Spielplätze, die entsprechend verschiedener Themenbereiche gestaltet sind. So findet man auf dem Afrikaspielplatz Elefanten und Giraffen in beeindruckender Originalgröße. Auf dem Bauernhofspielplatz ist das Klettergerüst ein riesiger Hof mit allerhand Getier. Wer mehr Urbanes erleben möchte, besucht den Betonspielplatz, auf dem man auf Betonklötze in verschiedenen Größen klettern kann. Auf dem Musikspielplatz hängt eine großer Harfe und der Weltallspielplatz beeindruckt mit einer Rakete. Eine Liste aller Spielplätze findet man im Internet unter *www.malmotown.com.*

Am Wasser gebaut – vom Wasser aus entdecken

Als Hafenstadt spielt sich in Malmö vieles am Wasser ab. Durch die Stadt fließen mehrere Kanäle, auf denen man Bootstouren unternehmen kann, zum Beispiel eine der **KANALTOUREN** *[Rundan Sightseeing, Abfahrt von Norra Vallgatan 60, 211 20 Malmö, gegenüber dem Hauptbahnhof. 15. April-2. Okt. 5 Abfahrten pro Tag 9-16.30 Uhr. Erw. 140 SEK, Kinder (6-15 J.) 70 SEK, (bis 5 J.) frei. Textguide auf Deutsch, Dauer 50 Min.]*. Wer selbst Kapitän sein möchte, kann ein **ELEKTROBOOT** mieten und die Kanäle auf eigene Faust durchkreuzen

[BookABoat, Buchung unter www. bookaboat.se. April-Okt 9-23 Uhr, Boote legen am Anleger am Norra Vallgatan 93, 211 22 Malmö, ab. Ab 1 Std. 590 SEK, bis 12 Pers., kein Bootsschein erforderlich. Mindestalter des „Kapitäns" 18 J.]. Die Kanäle führen durch den Hafen, die Innenstadt bis hin zum Park Kungsparken und dem **SCHLOSS MALMÖHUS.** In dem von einem Wassergraben umgebenen Schloss aus dem 15. Jahrhundert findet man **MALMÖ MUSEER,** ein Museum mit allen Infos übers Schloss, einem U-Boot und einem Aquarium *[Malmöhusvägen 6, 201 24 Malmö, Tel. +46 40 34 44 00. Tägl. 10-17 Uhr. Erw. 40 SEK, Kinder (bis 19 J.) frei].*

Lilla Torg, Möllan und Folkets Park
Mitten in der Altstadt liegt der gemütliche Platz **LILLA TORG** mit historischen Fachwerkhäusern. In einem davon, Hedmanska Gården von 1597, findet man heute das **FORM/DESIGN CENTER** *[Lilla Torg 9, 211 34 Malmö, Tel. +46 40 664 51 50, www. formdesigncenter.com. Di-Sa 11-17, So 12-16 Uhr. Eintritt frei].* Hier werden schwedische Designklassiker zur Schau gestellt.

Im Plattenladen **FOLK Å ROCK** befindet sich auch ein Café *[Skomakaregatan 11, 211 34 Malmö, Tel. +46 40 781 03. Mo-Fr 10-18, Sa 10-16 Uhr]*, das gute Sandwiches zusammen mit dem schönsten Blick über den Platz bietet. Kurz hinter Lilla Torg findet man das **RESTAURANT BASTARD** *[Mäster Johansgatan 11, 211 21 Malmö, Tel. +46 40 12 13 18. Di-Sa 17-24 Uhr. Hauptgericht ab 125 SEK]*, in dem klassische schwedische Gerichte neu interpretiert werden. Eine lange Fußgängerzone führt durch die ganze Innenstadt, vorbei am großen Platz **GUSTAV ADOLFS TORG,** auf dem verschiedene Märkte stattfinden, und vorbei an dem kleinen Platz **DAVIDHALLSTORG** mit mehreren Cafés.

Im südlichen Teil der Innenstadt befindet sich das Szeneviertel Möllevången, kurz **MÖLLAN,** ein ehemaliges Arbeiterviertel und heute Zentrum für das

Historische Fachwerkhäuser am Lilla Torg

Far i Hatten

Mitten im Folkets Park befindet sich das Restaurant **FAR I HATTEN,** das auf mehrere kleine Holzhäuser und Zelte verteilt ist. Es ist ein beliebter Treffpunkt für Familien. Mit seinen bunten Wänden und Leuchten hat das Ganze etwas von einem Zirkus.
Folkets Park, 214 37 Malmö, Tel. +46 61 536 51, www.farihatten.se. Di-Do ab 17, Fr 17-2, Sa 11.30-2 Uhr. Hauptgericht ab 145 SEK, nur Kartenzahlung.

Die Universität von Lund prägt mit ihren 23.000 Studenten das Bild der Stadt

alternative Leben sowie Symbol für das multikulturelle Malmö. Rund um den großen Platz **MÖLLEVÅNGSTORGET** findet man viele Restaurants mit Essen aus aller Welt zu günstigen Preisen.
Bei **SÖDER OM SMÅLAND** *[Claesgatan 8, 214 26 Malmö, Tel. +46 40 616 01 12. Di-Sa 17-1 Uhr. Hauptgericht ab 130 SEK]* wird nur mit lokalen Zutaten gekocht und ein dazu passendes Biermenü zusammengestellt.
Mitten im Stadtteil liegt der große **FOLKETS PARK,** in dem Familien mit Kindern sich seit über 100 Jahren vergnügen. Mit Streichelzoo, Ponyreiten, Minigolf, Planschbecken, Spielplätzen und einem Riesenrad gibt es hier viel zu sehen und zu erleben.
Erwachsene können Konzerte in der **FOLKETS BAR** besuchen *[Norra Parkgatan 2, 211 53 Malmö, Tel. +46 40 23 98 80, www.folketsbar.com. Di-So 17-1 Uhr. Wechselnde Eintrittspreise]* oder die Beine fliegen lassen beim Salsatanzen im beliebten **CUBA CAFÉ** *[Amiralsgatan 35, 214 37 Malmö, Tel. +46 40 12 85 00, www.cubacafe.se. Mi 17-2, Do-Sa 17-3 Uhr. Am Wochenende 120 SEK Eintritt nach 22 Uhr]*.

Lund – Stadt des Wissens
Nur zehn Minuten mit dem Zug entfernt, aber Malmö und Lund sind wie Tag und Nacht *[Zug Linie 1 von Malmö bis Lund, Abfahrt fast alle 3 Min. Erw. 50 SEK, Familien ab 95 SEK]*.
Im Gegensatz zu Malmö – von seiner Geschichte als Industriestadt geprägt –, dreht sich in Lund fast alles um die im Jahr 1666 gegründete Universität. Damit wollte der schwedische König die Stadt, die er zusammen mit den Provinzen Skåne, Halland, Blekinge und Bohuslän acht Jahre davor von den Dänen erobert hatte, enger an die neuen Herrscher aus Stockholm binden. Schon während der dänischen Zeit spielte Lund eine wichtige Rolle. Als Sitz des Erzbischofs war die Stadt ein geistliches Zentrum, was am romanischen **DOM** aus dem 12. Jahrhundert deutlich erkennbar ist *[Kyrkogatan 4, 222 22 Lund. Mo-Fr 8-18, Sa 9.30-17, So 9.30-18 Uhr]*.
Daneben steht das Hauptgebäude der **UNIVERSITÄT** *[Universitetsplatsen, Paradisgatan 2]* mit weißem Putz und Säulen – wie ein Tempel des Wissens. Kirche und Wissenschaft waren lange

im engen Verbund. Heute wird Lund eher von der Gelassenheit der Studenten geprägt. Von den knapp 80.000 Einwohnern sind über ein Viertel, nämlich 23.000, Studenten.

Freilichtmuseum mitten in der Stadt
Kurz hinter dem Dom wird in dem **FREILICHTMUSEUM KULTUREN** die Geschichte lebendig *[Tegnérsplatsen, 223 50 Lund, Tel. +46 46 35 04 00, www.kulturen.com. Mai-Aug tägl. 10-17, Sep-April Di-So 12-16 Uhr. Erw. 120 SEK, Kinder (bis 19 J.) frei]*. Mitten in der Stadt sind hier 300 Jahre alte Bauernhöfe und Arbeiterhäuser aus den 30er-Jahren zu finden.
In einem ganzen Stadtviertel mit 30 historischen Gebäuden und mehreren Gärten können die Besucher erfahren, wie man in Lund früher gelebt hat. Es gibt einen Spielplatz mit kleinen Häusern, Wasserpumpe und Rutsche. In der Ausstellung „Ting för Lek" können Kinder eine Zeitreise durch die Welt der Spielzeuge machen. Unter anderem testen sie eine Kopie des Schaukelpferds von König Karl XII. aus dem 17. Jahrhundert. Während der Schulferien finden in Kulturen Veranstaltungen wie Basteln und Theater für Familien statt. Angeschlossen ist das **RESTAURANT KULTURKROGEN** mit Kinderstühlen, Kindermenüs und Mikrowellen zum Aufwärmen von Essen *[Tegnérsplatsen 4, 223 50 Lund, Tel. +46 46 14 65 10, www.kulturkrogen.se. So-Di 11.30-16, Mi/Do 11.30-22, Fr/Sa 11.30-24 Uhr. Mittagsmenü 92 SEK, Hauptgericht am Abend ab 155 SEK]*.

Dom von Lund aus dem 12. Jahrhundert

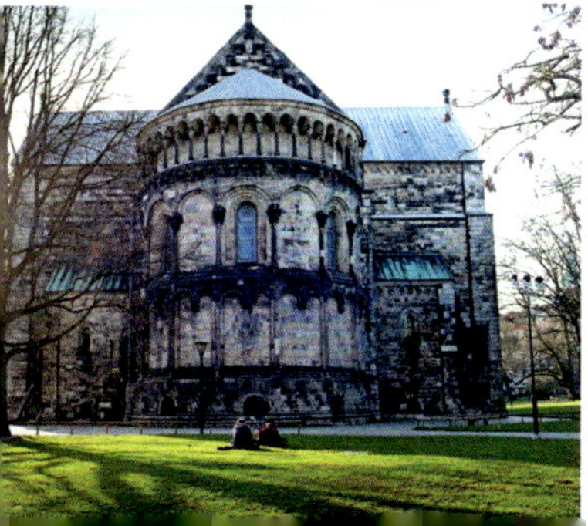

In einer Universitätsstadt mangelt es natürlich nicht an einem Wissenschaftsmuseum. Beim Experimentieren mit Elektrizität, Wasser, Licht und Ton wird in **VATTENHALLEN** der Wissenshunger der Kinder geweckt *[John Ericssons Väg 1, 223 63 Lund, Tel. +46 46 222 43 51, www.vattenhallen.lth.se. Sa/So 12-17 Uhr. Erw. 70 SEK, Kinder (5-18 J.) 55 SEK, (bis 4 J.) frei]*.
Komplizierte Themen wie Protonen, Elektronen und Neutronen werden hier spielerisch erklärt. Es gibt sogar schon für Kleinkinder Spannendes zu entdecken. Hier macht man Musik mit alten Radios und Schallplattenspielern, probiert, einen Roboter zu steuern, oder geht auf Reise durch den menschlichen Darm, um zu erfahren, was mit dem Essen passiert.
Lund liegt nicht an der Küste, hat dafür aber eines der größten und modernsten Schwimmbäder Schwedens: **HÖGEVALLSBADET** *[Högevallsgatan 1, 222 29 Lund, Tel. +46 46 35 52 17, www.hogevall.se. Mo/Di 11-20, Do/Fr 11-20, Sa/So 9-18 Uhr. Erw. 110 SEK, Kinder (3-18 J.) 80 SEK, Familien ab 200 SEK]*. Mit einer über 220 Meter langen Wasserrutsche, Kletterwand, Wellenbad, einem künstlichen Fluss und einem Dschungelbad gibt es genug Abwechslung, um hier einen ganzen Tag im Wasser zu verbringen.

Tour 2: Festungsstadt & Fahrradinsel

LANDSKRONA • VEN

WO: *Festungsstadt Landskrona und Fahrradparadies Insel Ven* – **DAUER:** *Tagesausflug* – **WIE:** *Malmö–Landskrona 40 Min. mit dem Pkw, 30 Min. mit dem Zug. Fähre von Landskrona zur Insel Ven 30 Min.* – **NICHT VERGESSEN:** *Badekleidung, Kamera, kleine Snacks und Getränke*

Landskrona Foto Festival

Junge und ältere Freunde der Fotografie sollten nicht das alljährliche Fotofestival in Landskrona verpassen. Jedes Jahr im August wird Landskrona für zehn Tage das Zentrum für Fotokunst in Südschweden. Mit über 20 Ausstellungen überall in der Stadt sowie Fotografen aus der ganzen Welt hat sich das Festival in kurzer Zeit zu einem der bedeutendsten des Landes entwickelt. *Infos: www.landskronafoto.org.*

Moderne und Historie in Landskrona

Landskrona und Borstahusen
Eine halbe Stunde nördlich von Malmö liegt Landskrona (40.000 Einwohner). Der Ort ist für seine Zitadelle aus dem 16. Jahrhundert bekannt – ein guter Ausgangspunkt für eine Stadterkundung. Aufgrund ihrer strategisch wichtigen Lage wurde die Stadt mehrmals durch Kriege zerstört, bis man Mitte des 18. Jahrhunderts beschloss, die ganze Stadt in eine Festung zu verwandeln. Weniger kriegerisch sind der älteste Schrebergarten Schwedens und das Kleingartenmuseum **ROTHOFFS KOLONI**, die neben der Zitadelle zu finden sind *[Citadellvägen 21, 261 31 Landskrona, Tel. +46 418 47 31 23. Mai-Mitte Sep geöffnet, solange es hell ist. Eintritt frei]*. Im Schlosspark auf der anderen Seite der Zitadelle steht die kleine, aber feine **KUNSTHALLE** *[Slottsgatan, 261 31 Landskrona,*

Tel. +46 418 47 31 15. Di/Mi/Fr-So 13-17, Do 15-20 Uhr. Eintritt frei]. Sie gilt als eine der schönsten in Schweden und hat einen tollen Skulpturenpark. In der überschaubaren Innenstadt findet man kleine Gassen sowie große Plätze. Die „Skyline" wird

Die Zitadelle aus dem 16. Jahrhundert

Schwedische Gastfreundschaft

„Essen ist Kultur", sagt man. In der südschwedischen Provinz Skåne hat man diesen Spruch als Motto genommen und bietet Touristen ein ganz besonderes Erlebnis. Auf der Website von **A SLICE OF SWEDISH HOSPITALITY** („ein Stück schwedische Gastfreundschaft") kann man sich selbst bei einer schwedischen Familie zum Essen einladen. Außer einem landestypischen Mahl bekommt man hier auch eine gute Möglichkeit, mehr über das Land und die Menschen zu erfahren.
Die Fika – das gemütliche Kaffeetrinken der Schweden – kostet 150 SEK pro Person, ein Mittagessen 350 SEK pro Person, und ein Abendessen bekommt man für 550 SEK für Erwachsene und 350 SEK für Kinder (bis 4 J. frei). Mehr Informationen und Buchungsmöglichkeiten: www.asliceofswedishhospitality.com.

von den Doppeltürmen der **SOFIA-ALBERTINA-KIRCHE** *[Kungsgatan, 261 31 Landskrona]* aus dem Jahr 1788 und dem **HISTORISCHEN WASSERTURM** von 1906 *[Vattenverksallén, 261 36 Landskrona]* in rotem Backstein dominiert. Der Wasserturm steht auf dem höchsten Punkt der Stadt – ganze sechs Meter über dem Meeresspiegel. Am südlichen Ende des Zentrums findet man **CITADELLBADET,** ein Freibad, designt vom schwedischen Stararchitekten Gert Wingårdh *[Badhusgatan, 261 31 Landskrona, Tel. +46 418 77 79 50. Mai-Aug tägl. 10-17 Uhr, Sep-April teilweise FKK und daher ab 18 J. Erw. 40 SEK, Familien 105 SEK].*
Im nördlichen Teil der Stadt liegt das alte **FISCHERDORF BORSTAHUSEN** *[vom Bahnhof Bus 4 Richtung Borstahusen]* mit den für die Region typischen länglichen und niedrigen Häusern Skånelängor aus dem 18. Jahrhundert und einem schönen Sandstrand. Am Wasser findet man Fischrestaurants sowie die **KUNSTHALLE PUMPHUSET** *[Nedre Gatan 97, 261 61 Landskrona, Tel. +46 418 131 30, www.pumphuset.nu. Di-Fr 12-17, Sa/So 13-16 Uhr. Erw. 20 SEK, Kinder frei].*

Gemütlicher Mühlenplatz

Beim **KVARNTORGET,** dem Mühlenplatz, in der nördlichen Innenstadt von Landskrona steht eine alte Windmühle aus dem Jahr 1737. Die umliegenden Häuser stammen aus der gleichen Zeit, das Viertel war einst das Armenviertel der Stadt. Vor den bunten Häusern wachsen hohen Stockrosen – die Straßen gehören heute zu den schönsten der Stadt.

Für Tage mit wenig Sonnenschein bietet das Abenteuerbad **KARLSLUNDSBADET** mit zwei Wasserrutschen, Kletterwand und Wasserhöhlen garantierten Badespaß *[Karlslundsvägen 12, 261 42 Landskrona, Tel. +46 418 47 30 10. Mo-Do 10-20.30, Fr 10-18.30, Sa/So 10-17 Uhr. Erw. 65 SEK, Familien 150 SEK]*.

Ven – die Fahrradinsel

Mit der **FÄHRE** von Landskrona aus dauert es 30 Minuten bis zur autofreien Insel Ven, mitten im Öresund zwischen Schweden und Dänemark *[www.ventrafiken.se. Abfahrt von Skeppsbron 2, 261 35 Landskrona. Großer Parkplatz direkt vorm Anleger, 24 Std. frei. Abfahrt ca. alle 90 Min. zwischen 6.05–21.30, letzte Abfahrt von Ven um 20.55 Uhr. Erw. 75 SEK, Kinder (6-16 J.) 25 SEK, Familienticket für 2 Erw. u. bis 3 Kinder 300 SEK]*. Bei der Ankunft im idyllischen Örtchen **BÄCKVIKEN** wird schnell klar: Die Insel muss mit dem Fahrrad erkundet werden. Denn hier stehen auf einem großen Parkplatz an die 1.200 rapsgelbe Mieträder bereit für die Inselrundfahrt. Für Kinder gibt es Kindersitze oder Anhänger zu mieten. Größere Kinder freuen sich über die Tandems *[Landsvägen 20, 260 13 Sankt Ibb, www.venscykeluthyrning.se. Standardfahrräder mit oder ohne Gangschaltung 90-150 SEK/Tag, Kinderfahrräder in verschiedenen Größen 90 SEK/Tag, Fahrrad mit Kindersitz 120 SEK/Tag, Fahrrad mit Anhänger für 1-2 Kinder 150-200 SEK/Tag]*. Die Insel, fünf Kilometer lang und drei Kilometer breit, ist perfekt für einen Tagesausflug. Der größte Teil besteht aus einem bis zu 40 Meter hohen Plateau. Die grasbewachsene Steilküste gibt der Insel einen besonderen Charakter. Es heißt also zunächst, sich mit dem Drahtesel auf das Plateau hochzukämpfen – dann genießt man freie Fahrt mit einem

Whisky aus Ven

Neben dem Tourismus gibt es auf Ven keine Industrie. Produziert wird aber dennoch, und zwar Whisky. Die Firma **SPIRIT OF HVEN** bei Backafallen ist eine von drei Whiskydestillerien in Schweden. Dazu gehören auch ein Hotel und ein Restaurant, in dem es natürlich eine Whiskybar gibt. Neben den eigenen Produkten kann man dort über 500 Whiskys aus aller Welt genießen. *Infos: www.hven.com.*

atemberaubenden Blick übers Meer. Die gut ausgeschilderten Fahrradwege führen durch Felder, vorbei an Badebuchten sowie Cafés, einer Eisfabrik und der ehemaligen Allerheiligenkirche, in der jetzt das **TYCHO-BRAHE-MUSEUM** untergebracht ist *[Landsvägen 182, 260 13 Sankt Ibb, Tel. +46 418 47 31 09, www.tychobrahe.com. Mai/Juni 11-16, Juli/Aug 11-18, Ende Aug-Ende Sep 11-16, an den Wochenenden im April/Okt 11-16 Uhr. Erw. 80 SEK, Kinder (bis 15 J.) frei]*.

Auf Ven ließ der Astronom Tycho Brahe (1546–1601) das für die damalige Zeit hochmoderne Forschungszentrum **SCHLOSS URANIBORG** bauen. Dazu gehört auch ein **RENAISSANCE-GARTEN**, der nichts weniger als den Garten Eden zum Vorbild hatte. Das Schloss wurde verlassen und verfiel, Teile des unterirdischen Observatoriums **STJERNEBORG** sowie des Gartens wurden aber restauriert.

Für Kinder gibt es hier einen historischen Spielplatz, auf dem man Spiele der Vergangenheit entdecken kann. In einem gemütlichen Häuschen mit Garten nebenan, dem **PUMPANS CAFÉ**, bekommt man ein gutes Mittagessen oder Kaffee und Kuchen. Neben selbst geröstetem Kaffee werden auch Pizzen serviert *[Landsvägen 134, 260 13 Sankt Ibb, Tel. +46 418 725 10, www.pumpans.com. Mai-Sep Sa-Do 11-17 Uhr. Belegtes Brot 50 SEK, Pizza ab 125 SEK]*.

Der Weg führt weiter bis zum Fischerdorf **KYRKBACKEN** auf der Westseite der Insel. Von der kleinen Kirche **SANKT IBB** geht es gemütlich runter bis zum Hafen mit kleinen Fischbuden und einem Sandstrand zum Baden. Auf der Nordseite der Insel ist hauptsächlich Natur zu finden. Dort liegt auch der kleine Hafen **NORREBORG** mit seinen schönen Sandstränden.

Kurz bevor man wieder in Bäckviken ankommt, sollte man sich überlegen, ob man nicht vielleicht doch lieber für ein paar Nächte auf Ven bleiben sollte, statt die Fähre zurück zum Festland zu nehmen. Hier liegt nämlich eine der schönsten Jugendherbergen Schwedens, **VENS VANDRARHEM** *[Hakenstigen 19, 260 13 Sankt Ibb, Tel. +46 418 725 55, www.vensvandrarhem.se. 4-Bett-Zimmer 350 SEK/Person, 2- bis 3-Bett-Zimmer 400 SEK/Person, Kinder (bis 16 J.) 250 SEK]*. Die Jugendherberge ist eine der wenigen Unterkünfte auf der Insel, die ganzjährig geöffnet hat.

Unterwegs auf der Fahrradinsel Ven

Tour 3: Helsingborg – die Perle des Öresund

HELSINGBORG • HÖGANÄS • KULLABERG

WO: *Nordwestküste von Skåne* – **WIE:** *Mit dem Auto, Bus oder Fahrrad* – **DAUER:** *Tagesausflug* – **NICHT VERGESSEN:** *Badesachen, Kamera, Fernglas, Windjacke*

Im Nordwesten von Skåne wird die Landschaft hügeliger und im Naturreservat Kullaberg fallen die Felsen steil ins Meer ab. Ausgangspunkt dieser Tagestour ist die hübsche Stadt Helsingborg, in der man sowohl kulturelle Erlebnisse als auch einen langen Stadtstrand findet. Danach geht es weiter die Küste entlang, durch alte Fischerdörfer, in die Keramikhochburg Höganäs bis zu den alten Badeorten Mölle und Kullaberg.

Die Perle des Öresund

In **HELSINGBORG** (100.000 Einwohner) ist das Meer immer präsent. An der engsten Stelle der Meeresenge Öresund gebaut, die Schweden und Dänemark trennt, hat es den natürlichen Charme einer Grenzstadt. Vom Hauptbahnhof, von wo aus die Fähren in die dänische Schwesterstadt Helsingør fahren, sieht man die Palmen des **TROPICAL BEACH,** dem 200 Meter langen und zentralsten Strand der Stadt.

Im Kunstzentrum Dunkers erfährt man mehr über die Geschichte der Stadt

Cafés in Helsingborg

Die Schweden lieben zwar generell ihre Fika. In Helsingborg kann man sie aber auf viele verschiedene Arten und Weisen erleben: in der klassischen Konditorei **FAHLMANS** (Storgtorget 11) oder im superhippen **KOPPI** (Norra Storgatan 16) oder bei **EBBAS FIK** (Bruksgatan 20), wo die Zeit in den 50ern stehen geblieben ist. Hier findet man Tische wie in einem amerikanischen Diner, dazu passende Klamotten der Angestellten und natürlich auch eine Jukebox.

Helsingborg kann zwar kein tropisches Klima anbieten und die Palmen kommen während des Winters ins Gewächshaus, aber an dem langen, neu gestalteten Sandstrand **FRIA BAD** *[die Küste auf der Straße Strandvägen entlang]* in der nördlichen Innenstadt ist ein Stück schwedische Copacabana zu finden.
Mit Fahrradwegen, Beachvolleyballplätzen, Duschen, Grillplätzen, Restaurants und einem Meerbad auf Stelzen ist der Strand rund ums Jahr gut besucht.
Aber bevor es an den Strand geht, lohnt es sich, das hübsche Städtchen zu erkunden. Auf einem Hügel im Zentrum steht das Wahrzeichen, der 35 Meter hohe **TURM KÄRNAN** *[Slottshagsgatan, 250 07 Helsingborg, Tel. +46 42 10 59 91. April-Juni Di-So 11-15, Juli/Aug tägl. 11-18, Sep/Okt 11-15 Uhr. Erw. 50 SEK, Kinder (bis 18 J.) frei]*. Er ist der verbliebene Rest einer Burg aus dem 14. Jahrhundert. Von der Aussichtsplattform kann man bei gutem Wetter bis nach Malmö sehen. Wer nach unten guckt, sieht das imposante **RATHAUS** *[Drottninggatan 2, 252 21 Helsingborg]* im neugotischen Stil aus dem Jahr 1897. Die Stadt war damals sehr wohlhabend, denn trotz der nur rund 25.000 Einwohner war es möglich, ein so repräsentatives Gebäude zu errichten. Dasselbe gilt für den großen Platz **STORTORGET** mit mehreren Prachtbauten und Edelhotels. Unten am Wasser steht das weiße **KUNSTZENTRUM DUNKERS** *[Kungsgatan 11, 252 21 Helsingborg, Tel. +46 42 10 74 00, www.dunkerskulturhus.se. Di-So 10-17 Uhr. Erw. 70 SEK, Kinder (bis 18 J.) frei, mehrere Ausstellungen gratis]*, in dem zeitgenössische Kunst zu sehen ist und eine multimediale Dauerausstellung die Geschichte der Stadt erzählt.

Das Rathaus von Helsingborg

Quer durch die Innenstadt führt die Straße **KULLAGATAN,** Schwedens erste Fußgängerzone. Sie endet auf einem gemütlichen Platz bei der **MARIENKIRCHE.** Um ihn herum drängen sich kleine Cafés und Restaurants mit leckeren Angeboten für eine Mittagspause. Zum Beispiel **OLSSONS SKAFFERI,** eins der ältesten Restaurants der Stadt. Hier werden italienische Gerichte mit lokalen Zutaten gekocht. Kinder freuen sich sicher über die berühmten Pfannkuchen *[Mariagatan 6, 252 23 Helsingborg, Tel. +46 42 14 07 80, www.olsonsskafferi.se. Mittagessen ab 79 SEK, Hauptgericht am Abend ab 179 SEK].*

Die Parks von Helsingborg – für Groß und Klein

In Norden von Helsingborg, auf einem Hang über dem Meer, findet man das kleine **SCHLOSS SOFIERO** *[Sofierovägen 131, 251 89 Helsingborg, Tel. +46 42 10 25 00, www.sofiero.se. Tägl. 10-18 Uhr. Erw. 100 SEK, Kinder (bis 18 J.) frei].* König Gustav VI. Adolf und Prinzessin Margarete pflanzten hier 1907 die ersten Rhododendren. Heute blühen im Sommer mehr als 10.000 Pflanzen, vor allem Rhododendren, aber auch Lilien und Rosen. Der König liebte den Garten sehr und nach seinem Tod 1973 wurde er der Stadt geschenkt, damit alle Menschen diese Pracht erleben dürfen. Östlich der Innenstadt befindet sich ein weiterer Park, der ein ganz anderes Erlebnis bietet: **FREDRIKSDAL** *[Gisela Trapps Väg 1, 254 37 Helsingborg, Tel. +46 42 10 45 00, www.fredriksdal.se. Mai-Aug 10-18, Sep-April 10-16 Uhr. April-Sep Erw. 70 SEK, Kinder (bis 18 J.) frei, Sep-April Eintritt frei].*

Kattegattleden

2015 öffnete die Fahrradroute **KATTEGATTLEDEN,** die es mit guten Straßen und einer deutlichen Beschilderung möglich macht, von Helsingborg bis in das 350 Kilometer entfernte Göteborg mit dem Fahrrad zu fahren. Dank der hauptsächlich flachen Wege und der dichten Besiedlung entlang der Küste mit vielen Möglichkeiten für Badepausen und Eis sind Teile der Strecke im Nordwesten von Skåne auch für Familien mit Kindern gut geeignet.
Infos: kattegattleden.se/de.

In dem Freilichtmuseum findet man neben mehreren schönen Gärten auch Bauernhöfe mit Tieren sowie einen ganzen Stadtteil mit Häusern aus dem alten Helsingborg. Fredriksdal ist eine ruhige Oase und ein Erlebnismuseum zugleich. Kinder können Tiere füttern, Produkte auf alte Weise herstellen oder das Leben auf einem Bauernhof für einen Tag ausprobieren.
Für Liebhaber exotischer Tiere ist **TROPIKARIET** das richtige Ziel *[Hävertgatan 21, 254 42 Helsingborg, Tel. +46 42 13 00 35, www.tropikariet.com. Di-So 11-17 Uhr. Erw. 120 SEK, Kinder (3-12 J.) 60 SEK, Kinder (bis 3 J.) frei].* Wie der Name schon verrät, handelt es sich um ein Tropikarium. Auf vier Stockwerken findet man Lemuren, Schildkröten, Chamäleons, Spinnen sowie Clownfische und kleine Haie.

Kullabygden & Kullahalvön
Die Küste nördlich von Helsingborg ist für schwedische Verhältnisse dicht besiedelt. Es ist nie weit bis zum nächsten Fischerdorf. **VIKEN** ist wohl eins der schönsten: Eine kleine Gasse führt von der alten Mühle an beschaulichen Reetdachhäusern entlang bis zum Hafen. Dort, am Kai mit den Segelschiffen, findet man neben einem Eiskiosk auch ein paar Restaurants, zum Beispiel **VIKENS HAMNKROG** *[Böösa Backe 6, 263 61 Viken, Tel. +46 42 23 62 12, www.vikenshamnkrog.se. Mo-Mi 11.30-14.30, Do/Fr 11.30-22, Sa 12-22, So 11-15 Uhr. Mittagstisch 129 SEK]*, das einen preiswerten Mittagstisch und einen tollen Meerblick bietet.
Der größte Ort in der Region Kullabygden ist **HÖGANÄS** (15.000 Einwohner). Im Unterschied zu vielen anderen Orten der Umgebung war Höganäs nie ein idyllischer Fischerort, sondern das Zentrum für den in der Region wichtigen Bergbau und die Keramikherstellung.
In den letzten Jahren hat sich die Stadt zu einer wahren Design- und Genusshochburg entwickelt. In den Fabrikhallen, in denen früher Keramik hergestellt wurde, findet man heute eine große **MARKTHALLE** mit angeschlossenem Restaurant und einer **CRAFT-BEER-BRAUEREI** *[Bruksgatan 36 z, 263 39 Höganäs, Tel. +46 42 34 25 01, www.hoganassaluhall.se. Mo-Fr 10-18, Sa/So 10-16 Uhr, Mittagessen Mo-Fr 11-14, Sa/So 12-15 Uhr. Mittagstisch ab 99 SEK]*. Im Gebäude nebenan liegt das angesagte Hamburgerrestaurant **GARAGE** *[Bruksgatan 36, 263 39 Höganäs, Tel. +46 42 453 94 56, www.garagebar.se. Mi-So ab 12 Uhr]*, in dem tagsüber Familien mit Kindern schlemmen und am Abend trendige Touristen Bier und Cocktails trinken. Schnäppchenjäger sollten sich zum **HÖGANÄS DESIGN OUTLET** aufmachen *[Gärdesgatan 7, 263 39 Höganäs, Tel. +46 42 36 11 31. Mo-Fr 10-19, Sa/So 10-17 Uhr]*. In mehreren großen Hallen sind Keramik und Produkte schwedischer Glashersteller wie Orrefors und Kosta Boda zu niedrigen Preisen zu erwerben. Hier befindet

Eins der schönsten Fischerdörfer: Viken

Atemberaubende Ausblicke in Kullaberg

sich auch das **KERAMISKT CENTER** *[Gärdesgatan 4 b, 263 39 Höganäs, Tel. +46 42 33 01 80, www.keramiskt center.se. Do/Fr 11-17, Sa/So 11-16 Uhr]*, eine Stiftung mit dem Ziel, die Keramiktradition in der Region zu fördern. Die wechselnden Ausstellungen dort und die Möglichkeit, alte wie neue Designklassiker zu kaufen, sollte kein Fan von skandinavischem Design verpassen.

Kurz hinter dem Keramiskt Center steht der **PANNKAKSLADAN,** eine hundert Jahre alte Scheune, die ganz den leckeren Eierkuchen gewidmet ist und ein großes Pfannkuchenbuffet anbietet. Außerdem gibt es Elektroautos, Spielplatz, Streichelzoo mit Kaninchen und Ziege sowie Ponyreiten *[Per Ols Väg 42, 263 39 Höganäs, Tel. +46 708 64 66 08, www.pannkaksladan.se. April-Aug tägl. 11-17, Sep Sa/So 11.30-17 Uhr. Buffetpreis Erw. 170 SEK, Kinder (5-12 J.) 100 SEK, (2-4 J.) 80 SEK, (bis 2 J.) frei]*.

Kullaberg & Mölle

Südschweden ist nicht gerade für seine Berge bekannt, aber an der Nordwestspitze von Skåne fällt die Küste bis zu 70 Meter steil ab ins Meer. Die fast 200 Meter hohen Klippen des Naturschutzgebiets **KULLABERG** *[Landstraße 111 von Höganäs aus]* bieten fast mediterranes Flair. Vom Leuchtturm auf dem höchsten Punkt ist der Blick atemberaubend. Die Felsen sind ein natürliches Kletterparadies für Kinder. Dazwischen sind sanfte Gehwege angelegt, die zum Teil auch mit Kinderwagen begehbar sind. In Kullaberg gibt es mehrere Grotten, die man besichtigen kann. Der Leuchtturm ist über eine kleine Straße per Bus *[Linie 202 von Mölle Stationshus. Mai-Aug]* oder Pkw zu erreichen. Sie endet bei einem großen Parkplatz.

In einer Bucht am Fuß des Berges liegt der Badeort **MÖLLE** mit einem Hafen, schnuckeligen Villen und Sandstrand. Hoch über dem Ort steht das **GRAND HOTEL** aus dem Jahr 1908 – ein Zeichen, dass Mölle seit Langem die Reichen und Schönen anlockt. Als das Hotel gebaut wurde, gab es sogar einen Direktzug zwischen Mölle und Berlin. Ein Grund für das Interesse lag wohl darin, dass es in Mölle erlaubt war, dass Männer und Frauen zusammen baden. Damals eine Seltenheit. Hinter einer der weiß gekalkten Mauern versteckt sich **MÖLLE KRUKMAKERI & CAFÉ** *[Mölle Hamnallé 9, 263 77 Mölle, Tel. +46 42 34 79 91, www.mollekrukmakeri.se. Tägl. geöffnet, Café 9-17, Laden ab 9, Restaurant ab 17 Uhr]*. Was als Töpferei begann, ist heute ein romantisches Café und Restaurant mit großem Garten.

Tour 4: Smålands Süden

GLASRIKET • ELCHPARKS • KALMAR

WO: *Im südlichen Småland* – **WIE:** *Mit dem Auto* – **DAUER:** *Tagesausflug* – **NICHT VERGESSEN:** *Kamera, Fernglas, Verpackung für Glaskunst*

Wer von Süden aus Skåne kommt und Richtung Småland fährt, merkt schnell, dass man in eine andere Welt eintaucht. Schon vor der Grenze wandelt sich die für Skåne typische offene Landschaft in ein Meer aus Bäumen. Småland ist für seine tiefen Wälder bekannt, und in jenen findet man unzählige Badeseen und die typischen roten Holzhäuser. Kurz: Schweden pur, wie aus Astrid-Lindgren-Büchern und Katalogbildern. Hier werden jahrhundertealte Traditionen der Glasherstellung gepflegt und Scharen von Touristen damit versorgt. Weiter gen Westen, am Ende der Ostsee, erreicht man nicht nur lange Sandstrände, sondern auch die schöne Stadt Kalmar mit einer ereignisreichen Geschichte.

Glasriket – Tradition und Design
Zwischen Växjö im Osten Smålands und der Küste findet man keine größeren Orte, wenn man auf die Karte schaut. Aber in den Wäldern versteckt sich das **GLASREICH,** eins der beliebtesten Touristenziele Südschwedens. Als dort 1628 das erste Glas mit Expertenhilfe aus Deutschland hergestellt wurde, war das der Startschuss für eine Tradition, die immer noch stark und lebendig ist. In der steinigen Landschaft der tiefen Wälder war es nie möglich, intensive Landwirtschaft zu betreiben. Die Rohstoffe für Glas aber sind im Boden reichlich vorhanden – und so konnte hier eine große vorindustrielle Produktion entstehen. Zu ihrem Höhepunkt gab es über hundert kleine Glashütten in der Region. Heute ist ihre Anzahl auf 13 Hütten deutlich geschrumpft, gegen massenproduzierte Billigware können Smålands Glasbläser sich nicht durchsetzen. Die Produktion geht aber weiter. Was aus den Öfen herauskommt, sind oft hochqualitative Designerstücke mit

Traditionelles Kunsthandwerk im Glasreich

persönlicher Note. Kenner können sogar oft sofort sehen, welches Glas aus welcher Hütte kommt. So ist z. B. der Hersteller Orrefors für seine eleganten Formen bekannt, Kosta Boda eher für seine bunten und experimentellen Werke.
Ein Besuch in einer der Glashütten ist ein spannendes Erlebnis. Die Bläser dort arbeiten mit der dickflüssigen Masse, als wäre es Teig in eine Bäckerei. Mit einfachen Werkzeugen, wie Zange, Hammer und einem Blasschlauch, wird die Masse zu schönen Meisterstücken geformt. Ein beeindruckendes Schauspiel für Groß und Klein.
Die in Schweden bekannteste und auf Besucher eingestellte Glashütte ist **KOSTA BODA** *[Stora Vägen 96, 360 52 Kosta, Tel. +46 478 345 00, www.kostaboda.se. Juli tägl. 10-16, sonst Mo-Fr 9-15.30 (Mittagspause 10.30-11.30), Sa/So 10-16 Uhr. Eine Führung dauert 30 Min. und kostet 50 SEK, muss unter Tel. +46 478 345 29 vorgebucht werden]*. Seit 1742 wird hier in Kosta Glas hergestellt und seit jenem Jahr sind die Öfen in der Hütte nie ausgegangen. Hier gibt es auch ein Outlet mit Glas und anderen Produkten zu günstigeren Preisen.
Im **KOSTA GLASCENTER** gleich neben der Hütte können Erwachsene und Kinder ab sieben Jahren ihr eigenes Glas blasen.
Wer nicht genug von Glas bekommen kann, sollte im **KOSTA BODA ART HOTEL** übernachten *[Stora Vägen 75, 360 52 Kosta, Tel. +46 478 348 30, www.kostabodaarthotel.se. DZ inkl. Spa, Frühstück, Mittag und 3-Gänge-Abendmenü ab 1.495 SEK/Person]*. Die Zimmer des Hotels wurden mithilfe von Glasdesignern gestaltet. Vor allem ist das Hotel aber für das Restaurant und den Pool bekannt, beides aus – ja, richtig geraten – Glas.
Etwas schwieriger zu finden, aber dafür deutlich authentischer, ist die **TRANSJÖ HYTTA** *[Hytta, 360 52 Kosta, Tel. +46 478 507 00. Tägl. 9-17 Uhr]* im gleichnamigen Örtchen **TRANSJÖ** unweit von Kosta gelegen.

Hyttsill

Eine spannende und wohlschmeckende Tradition im Glasreich ist die des **HYTTSILL**, auf Deutsch etwa „Hüttenheringe“. Der Hintergrund ist genauso einfach wie logisch. Seit dem 18. Jahrhundert sammeln sich die Einwohner des Dorfes am Abend in einer Glashütte, um auf den noch heißen Öfen zu kochen und zusammen zu essen. Heute bieten mehrere Glashütten diese Tradition an, z. B. in Pukeberg und Kosta.
Dort bekommt man gebratene Heringe mit Dill zusammen mit der Wurst Isterband, Brot und Preiselbeeren. Zum Nachtisch wird smäländischer Käsekuchen aufgetischt. Zum Essen wird gesungen und Geschichten über die Arbeit in den Hütten werden erzählt. Die Plätze sind begrenzt und müssen vorab im Tourismusbüro, direkt bei der jeweiligen Glashütte oder online unter www.glasriket.se vorgebucht werden.

Neben dem ruhigen Fluss Lyckebyån werden in einer Werkhalle mit rot gestrichener Holzfassade und großen Fenstern kleine Produktionsmengen hochqualitativen Glases hergestellt. Die Hütte, von den beiden dort tätigen Glaskünstlern selbst

Begegnung mit dem „König des Waldes"

Verzeichnis der Glashütten im Glasreich

THE GLASS FACTORY: *Storgatan 5, 360 65 Boda, Tel. +46 471 24 93 60, www.theglassfactory.se*
KOSTA GLASBRUK: *360 52 Kosta, Tel. +46 478 345 00, www.kostaboda.se*
MÅLERÅS: *Industrigatan 20, 380 42 Målerås, Tel. +46 481 314 01, www.maleras.se*
MICKEJOHANS: *Örsjö 134, 382 90 Örsjö, Tel. +46 481 124 09, www.mickejohankonstglas.se*
NYBRO GLASBRUK: *Herkulesgatan 2, 382 21 Nybro, Tel. +46 481 428 81, www.nybro-glasbruk.se*
BERGDALAHYTTAN: *360 51 Hovmantorp, Tel. +46 478 101 53, www.bergdalahyttan.se*
PUKEBERG: *Pukebergarnas Väg, 382 34 Nybro, Tel. +46 481 169 00, www.visitpukeberg.se*
SKRUF GLASBRUK: *Kajvägen 4, 360 53 Skruv, Tel. +46 478 201 33, www.skrufsglasbruk.se*
TRANSJÖ HYTTA: *Transjö, 360 52 Kosta, Tel. +46 478 507 00, www.transjohytta.com*

gebaut, ähnelt fast einem Museum, ist aber in vollem Betrieb.
30 Kilometer weiter östlich liegen der Ort **BODA** und das Glasmuseum **THE GLASS FACTORY** mit einer Sammlung von über 30.000 Kunstwerken von 40 verschiedenen Glaskünstlern *[Storgatan 5, 360 65 Boda, Tel. +46 471 24 92 20, www.theglassfactory.se. April/Mai Mo-Fr 10-18, Sa/So 11-17, Sep-April Mi-So 11-16 Uhr. Erw. 60 SEK, Kinder (bis 15 J.) frei]*.
In dem Museum können Kinder sich als Glasbläser verkleiden und den Beruf für einen Tag ausprobieren.

Besuch beim „König des Waldes"
Ein Besuch in Småland ist aber nicht vollkommen, ohne einen Elch gesehen zu haben. Mit ein bisschen Glück kann man den gewaltigen Tieren während der Fahrt durch die Landschaft begegnen. Wer aber auf Nummer sicher gehen möchte, besucht einen der zwei Elchparks im Glasreich.
GRÖNÅSENS ÄLGPARK *[Grönåsen 2, 360 52 Kosta, Tel. +46 478 507 70, www.gronasen.se. Tägl. April 11-16, Mai 11-17, Juni-Aug 10-18, Sep 11-17, Okt-Allerheiligen 11-16 Uhr. Erw. 85 SEK, Kinder (4-12 J.) 70 SEK, Kinder (bis 4 J.) frei]* außerhalb von

Kosta ist einer der größten Elchparks Südschwedens und bietet einen 1,5 Kilometer langen Wanderweg durch den Wald, auf dem man dem „König des Waldes" nahekommen kann. Von einem Aussichtsturm aus hat man einen guten Blick über das Gelände und kann die Tiere in ihrer natürlichen Umgebung beobachten. Neben Elchen gibt es einen Streichelzoo mit Schweinen, Pferden, Schafen und Kaninchen. Am Eingang befinden sich ein Elchmuseum und ein Elchshop. Im **GLASRIKETS ÄLGPARK** *[Långa Slät 314, 382 96 Nybro, Tel. +46 70 625 36 23, www.glasriketsalgpark.se. Juni Mo-Fr 11-17, Sa/So 11-16, Juli/Aug Mo-Fr 10-18, Sa/So 10-17 Uhr. Erw. 120 SEK, Kinder (3-15 J.) 60 SEK, (bis 3 J.) frei]* bei **NYBRO** kann man an einer Elch-Safari teilnehmen. Ein Traktor mit zwei Wagen fährt durch den Wald, vorbei an einem Damm, an dem die Elche im Sommer gern baden gehen.

Badespaß in Kalmar

Kalmar – Schloss und Sonne

Südschweden hat viele schöne Städte, aber **KALMAR** (60.000 Einwohner) gehört zweifellos zu den Spitzenreitern. Wegen seines Schlosses und seiner bedeutenden Rolle im Mittelalter ist die Stadt an der Ostsee in ganz Skandinavien bekannt. Im **SCHLOSS KALMAR** *[Kungsgatan 1, 392 33 Kalmar, Tel. +46 480 45 14 90, www.kalmarslott.se. Jan-April, Nov Sa/So 10-16, Mai/Juni/Sep/Okt tägl. 10-16, Juli/Aug tägl. 10-18 Uhr. Erw. 100 SEK, Kinder (6-17 J.) 45 SEK, (3-5 J.) 35 SEK]* wurde im Jahr 1397 eine Union zwischen Schweden, Dänemark und Norwegen beschlossen, in Schweden daher als die „Kalmarunion" bekannt. In dieser Zeit wurde Kalmar zu einer der wichtigsten Städte Südschwedens – vor allem dank des Schlosses, von wo aus der Handel in den südöstlichen Ostseeregionen kontrolliert wurde.

Die Zusammenarbeit zwischen den einstigen Erzfeinden Schweden und Dänemark hielt bis 1523. Drei Jahre davor hatte der dänische König Christian II. während seiner Krönungsfeier einen Großteil des schwedischen Adels im **STOCKHOLMER BLUTBAD** ermorden lassen.

Der junge Edelmann Gustav Eriksson entkam dem Massaker und führte danach den erfolgreichen Kampf gegen die Dänen. Damit wurde er König Gustav Wasa von Schweden und die Union war aufgelöst. In den Jahrhunderten danach kam es immer

Möbel aus Småland

Im kleinen Ort Älmhult im Süden Smålands wurde 1943 eine Firma gegründet, die vielleicht mehr als jede andere unser Alltagsleben geprägt hat: Ikea. Im 1958 eröffneten ersten Ikea-Kaufhaus der Welt zog 2016 ein **IKEA-MUSEUM** ein. Auf drei Stockwerken kann man alte und wahrscheinlich bekannte Klassiker sehen und mehr über die Erfolgsgeschichte aus Småland erfahren.
Ikeagatan 5, 343 36 Älmhult, Tel. +46 476 44 16 00, www.ikeamuseum.com. Tägl. 10-18 Uhr. Erw. 60 SEK, Kinder (6-17 J.) 40 SEK, (bis 6 J.) frei.

wieder zum Krieg zwischen Schweden und Dänemark. Kalmar, das damals dicht an der Grenze lag, wurde immer wieder zerstört. Ein verheerendes Feuer im Jahr 1647 brachte noch mehr Zerstörung. Danach wurde eine „neue" Altstadt auf der Insel **KVARNHOLMEN** errichtet. Entlang des rechtwinkligen Straßennetzes wurden aus Brandschutzgründen bunte Steinhäuser gebaut – ungewöhnlich im Reich der roten Holzhäuser.
Am großen Platz **STORA TORGET** steht der von Nicodemus Tessin dem Älteren entworfene Dom aus dem Jahr 1703 mit einer Fassade im italienischen Barockstil, der genauso gut in Rom stehen könnte.
Eine Straße weiter liegt das gemütliche **KULLZÉNSKA CAFÉET** *[Kaggensgatan 26, 392 32 Kalmar. Mo-Fr 10-18.30, Sa 10-17, So 12-16.30 Uhr]* mit einer Einrichtung aus dem 19. Jahrhundert, Kuchen, belegten Brötchen und Quiche. Im Sommer öffnet ein Sommercafé mit Eis und Waffeln. In der „neuen" Altstadt kann man durch Läden und Cafés bummeln. Wer Ruhe sucht, sollte sich zur „alten" Altstadt, **GAMLA STAN,** aufmachen. In dem 1647 vom Feuer zerstörten Viertel ließ später das Bürgertum Sommerhäuser erbauen. Heute findet man dort idyllische Straßen mit Kopfsteinpflaster und bunten Holzhäusern.
Der Höhepunkt eines Kalmarbesuches ist und bleibt aber das Schloss. Von König Gustav Wasa und seinen Söhnen wurde es in seiner heutigen Form zum beeindruckenden Renaissanceschloss ausgebaut. Dort findet man mehrere Ausstellungen über Kalmar und dessen wichtige Rolle in der Geschichte Südschwedens.

Ein Schloss für Kinder

Im Sommer verwandelt sich das Schloss in Kalmar zu **BARNENS SLOTT** (auf Deutsch „Kinderschloss") – einem historischen Abenteuerspielplatz. Kinder können beim Ritterturnier mitmachen, gegen einen Drachen kämpfen und Schätze suchen. In einer Werkstatt basteln die Kleinen eigene Kronen und Rüstungen.
Ende Juli-Mitte Aug tägl. 10-17 Uhr. Erw. 130 SEK, Kinder u. Jugendliche (3-26 J.) 100 SEK.

Tour 5: Nördliches Småland

EKSJÖ • VIMMERBY • VÄSTERVIK

WO: *Östlicher Teil der Region Småland* – **WIE:** *Mit dem Auto* – **DAUER:** *Tagesausflug* – **NICHT VERGESSEN:** *Badesachen, Kamera*

Das klassische Schwedenbild ist maßgeblich von der Region Småland geprägt. Småland bedeutet wörtlich „kleines Land", sollte aber besser „kleine Länder" heißen. Im frühen Mittelalter bestand das heutige Småland aus mehreren kleinen Regionen, was immer noch in der oft stark lokal geprägten Kultur spürbar ist. Kurz: Småland ist mehr als der Kinderverwahr-Platz in einer großen Möbelhauskette. Besucher können sich hier auf einen besonders vielfältigen Teil Südschwedens freuen, voll mit geheimnisvollen Wäldern, roten Holzhäusern, 5.000 Seen, einer abenteuerlichen Küste mit Schären – und auf die Geschichten Astrid Lindgrens.

Eksjö – die einzigartige Holzstadt mitten im Wald

Holz hat für den Städtebau in Südschweden immer eine große Rolle gespielt und nicht selten sind die Orte im Laufe der Geschichte abgebrannt. **EKSJÖ** ist erhalten geblieben und mutet heute wie ein lebendiges und bewohntes Museum an. Die Holzstadt ist eins der am besten bewahrten Beispiele dafür, wie Südschweden im 18. Jahrhundert aussah. Natürlich hat das Feuer auch Eksjö mehrmals niedergebrannt. Es wurde während kriegerischer Zeiten sogar von den Anwohnern selbst gelegt, damit die Stadt nicht in die Hände der Feinde fiel. Aber dank eines klugen Systems mit Brandschneisen aus dem 16. Jahrhundert wurde ein Großteil der Stadt vor dem Feuer geschützt. Bevor die südlichen Regionen Skåne, Halland und Blekinge schwedisch wurden, lag Eksjö nah an der schwedisch-dänischen Grenze und hat vieles erlebt.

Die Holzstadt Eksjö spiegelt das 18. Jahrhundert wider

Bier aus Vimmerby

Wer am Abend gute Biere und deftiges Essen sucht, sollte sich am Rande der Innenstadt zum **ÅBRO BRYGGHUSET** begeben. Direkt an die landesweit bekannte Brauerei Åbro angeschlossen, findet man hier eine Mischung aus bayerischer Bierstube und britischem Pub. Neben schwedischer Husmanskost, britischen Fish 'n' Chips sowie einigen Kindermenüs stehen fast 200 Biere vom Fass und aus der Flasche zur Auswahl. *Åbrovägen 13, 598 40 Vimmerby, Tel. +46 492 753 80, www.brygghuset.nu. Mo/Di 11.30-22, Mi/Do 11.30-23, Fr 11.30-24, Sa 17-24 Uhr, Mittagstisch 89 SEK, Hauptgerichte ab 180 SEK, Kindermenü ab 30 SEK.*

Die gesamte Innenstadt steht heute unter Denkmalschutz [*Stadtführungen vom 28. Juni bis 14. August, Di u. Do 15 Uhr, 50 SEK pro Person, Start beim Tourismusbüro, Norra Storgatan 29 b. Hier sind auch Audioguides und Broschüren für Selbstentdecker erhältlich*]. In der Altstadt findet man kleine Geschäfte, in denen die jahrhundertealten Handwerkstraditionen weitergeführt werden. Zwischen den rot, grün und gelb gestrichenen Holzfassaden führen Straßen mit Kopfsteinpflaster an wunderschönen Höfen vorbei, wie z. B. **KRUSAGÅRDEN** [*Norra Storgatan 29, 575 32 Eksjö*] aus dem 16. Jahrhundert. Dort öffnet im Juli ein täglicher Flohmarkt. Nach der Schnäppchenjagd kann man hausgemachte Waffeln im Café im Innenhof genießen.
Ein paar Schritte weiter liegt **ACHANSKA GÅRDEN** [*Norra Storgatan 18, 575 80 Eksjö*], der älteste Hof der Stadt, mit einem kleinen Museum und sommerlicher Blumenpracht.
Kurz dahinter breitet sich der Marktplatz **STORA TORGET** aus, wo man tatsächlich auch ein paar Gebäude aus Stein findet: die **KIRCHE VON EKSJÖ** [*Norra Kyrkogatan, 575 32 Eksjö*] und das gegenüberliegende Hotel und Restaurant **STADSHOTELLET** [*Stora Torget 9, 575 32 Eksjö. Mittagstisch 11.30-15 Uhr. 95 SEK*], beide aus dem späten 19. Jahrhundert. Im mondänen Speisesaal des Hotels kann man dank des Mittagsangebots „Dagens Lunch" preiswert Mittag essen.

Vimmerby und Astrid Lindgrens Welt

Der berühmteste Ort Smålands ist ohne Zweifel das kleine **VIMMERBY** (8.000 Einwohner), wo Astrid Lindgren 1907 geboren wurde. Nach dem Schulabschluss arbeitete sie kurz als Journalistin bei der Lokalzeitung und verließ 1929 die Kleinstadt für einen Job in Stockholm. Vimmerby, seine Einwohner und die umliegende Landschaft inspirierten sie zu ihren Geschichten über Pippi Langstrumpf, Michel aus Lönneberga, Ronja Räubertochter, Kalle Blomquist, den Kindern aus Bullerbü und vielen anderen Figuren. Wer heute auf dem Kopfsteinpflaster zwischen den bunten Holzhäusern durch die Innenstadt läuft, wird vieles aus Lindgrens Büchern wiedererkennen.

Villa Kunterbunt in Astrid Lindgrens Värld

Am Marktplatz steht das **STADSHOTELLET** *[Stora Torget 9, 598 37 Vimmerby, Tel. +46 492 121 00. Familienzimmer ab 1.995 SEK, auch Preispakete für Astrid Lindgrens Värld. Mittagstisch 92 SEK]*. Im ältesten Hotel der Stadt aus der Mitte des 19. Jahrhunderts hat Astrid Lindgren als Jugendliche oft getanzt. Mit seiner rosa verputzten Fassade ist das Gebäude nicht zu übersehen und bietet neben einer guten Übernachtungsmöglichkeit auch einen preiswerten Mittagstisch.
Auch außerhalb der Stadt sind mehrere Schauplätze aus Astrid Lindgrens Büchern zu finden. Das echte **BULLERBÜ** findet man in den drei Höfen bei **SEVEDSTORP** *[Landstraße 40 von Vimmerby Richtung Jönköping, nach 12 km links nach Pelarne auf die Straße 706 abbiegen und Schildern nach Bullerbyn folgen]*, auf denen Lindgrens Vater aufgewachsen ist. Hier wurde auch der Spielfilm „Wir Kinder aus Bullerbü" gedreht. Neben dem **CAFÉ SÖRGÅRDEN** *[Juni 11-16, Juli-Mitte Aug 10-19, Mitte-Ende Aug 11-16 Uhr. Eintritt inkl. Parkgebühr 40 SEK/Pkw]* können Kinder im Heu spielen und Tiere streicheln.
Ein Stück weiter nördlich liegt **GIBBERYD,** besser bekannt unter dem Namen **KATTHULT** und als Zuhause des frechen Lausebengels Michel aus Lönneberga (im schwedischen Original übrigens ein Emil) *[Landstraße 40 Richtung Jönköping, nach 20 km rechts Richtung Rumskalla abbiegen, danach Schildern nach Katthult folgen]*.
Jeder, der die Filme aus den 70er-Jahren gesehen hat, wird merken, dass alles immer noch genauso aussieht. Neben dem Haus stehen der Fahnenmast, an dem Michel seine Schwester Ida hochgezogen hat, und der Tischlerschuppen, in dem er sich immer wieder vor der schlechten Laune seines Vaters verstecken musste.
Im nördlichen Teil von Vimmerby liegt **ASTRID LINDGRENS NÄS** *[Prästgårdsgatan 24, 598 36 Vimmerby, Tel. +46 492 76 94 00, www.astridlindgrensnas.se/de. Mai tägl. 11-16, Juni-Sep tägl. 10-18,*

Okt-April Mi-So 11-16 Uhr. Erw. 170 SEK, Kinder (bis 15 J.) frei] mit dem Geburtshaus der berühmten Schriftstellerin – ein typisch schwedisches rotes Holzhaus, das sie persönlich in den Originalzustand zurückversetzt hat. Fast alles, was hier zu sehen ist, war schon da, als die kleine Astrid im Haus aufwuchs. Im Sommer finden tägliche Führungen mit Guide statt, auch auf Deutsch *[vor Ort oder per E-Mail info@astridlindgrensnas.se anmelden, Ende September-April ein paar Tage im Voraus buchen].*

Um das Haus befindet sich ein schöner Garten mit dem „Limonadenbaum", in dem Kinder spielen können. Im Besucherzentrum direkt nebenan ist eine empfehlenswerte moderne Dauerausstellung über das Leben der Schriftstellerin zu sehen.

Zu Besuch bei Astrid Lindgren

Für viele Besucher ist aber das nahe gelegene **ASTRID LINDGRENS VÄRLD** der Hauptgrund für die Reise nach Vimmerby *[Lundgatan, 598 34 Vimmerby, Tel. +46 492 798 00, www.alv.se. Vorsaison Mitte Mai-Mitte Juni 10-17, Hauptsaison Mitte Juni-Ende August 10-18, Sep (nur als Spielpark, ohne Darsteller) Fr-So 10-17 Uhr. Familien (2 Erw. u. 3 Kinder bis 12 J.) 1.295 SEK, Singlefamilie (1 Erw. u. 3 Kinder bis 12 J.) 895 SEK, Geburtstagskinder haben freien Eintritt].* In dem Park, der jährlich 500.000 Besucher anlockt und ein eigenes Camping- und Feriendorf umfasst, werden die Geschichten von Michel, Pippi und all den anderen Figuren lebendig. Für die Besucher geht es vor allem um eins: spielen. Hier steht eine Miniaturversion von Vimmerby: alles in Kindergröße. Die Villa Kunterbunt, die Krachmacherstraße, das Stadtviertel von Karlsson vom Dach und die Mattisburg von Ronja Räubertochter – alles ist dort zu finden und lädt mit Rutschen, Kletterwänden und vielem mehr zum Spielen ein. 60 Darsteller schlendern durch die Kulisse oder geben Vorstellungen auf einer der vielen Bühnen. Damit ist der Park auch das größte Freilufttheater Schwedens.

Die in Ferienparks auch sonst so üblichen Verkaufsbuden versammeln sich nur rund um den Eingangsbereich, wo man auch Restaurants und Cafés findet.

Der Park ist bei Familien mit Kindern äußerst beliebt und während der schwedischen Schulferien von Mitte Juni bis Anfang August kommt es zu langen Schlangen. Wer die Möglichkeit hat, dem sei ein Besuch außerhalb der Ferien empfohlen.

Das Geburtshaus von Astrid Lindgren

Västervik – die Perle an der felsigen Küste von Småland
Nach knapp 40 Minuten Fahrt erreicht man westlich von Vimmerby die Ostsee. Hier im nördlichen Småland unterscheidet sich die Küste stark von der um Kalmar. Statt langer Sandstrände fängt die für die restliche schwedische Ostseeküste typische Schärenlandschaft an. Umgeben von Wasser und einer felsigen Küste mit über 4.000 Inseln liegt **VÄSTERVIK.** Die gemütliche Stadt könnte gut in eine Geschichte von Astrid Lindgren passen – quasi ein Vimmerby am Meer: bunte Holzhäuser, quirlige Gassen mit Lädchen und eine Uferpromenade. Durch seine Lage war Västervik immer eng mit dem Meer verbunden und die maritime Geschichte ist noch spürbar. Die Gasse **BÅTSMANSGRÄND** besteht aus acht Bootsmannhäusern aus dem 18. Jahrhundert. Sechs der

Übernachten im Gefängnis

Gleich neben dem Bahnhof in Västervik liegt **FÄNGELSET,** die wohl ungewöhnlichste Unterkunft der Stadt. Der Name bedeutet auf Deutsch „das Gefängnis", und bis vor zehn Jahren war das Gebäude aus dem Jahr 1871 auch genau das. Hier findet man neben 43 Zimmern – von „Einzelzellen" bis zum Familienzimmer – auch ein Restaurant und eine Bar mit angeschlossener Mikrobrauerei.
Fängelsetorget 1, 593 31 Västervik, Tel. +46 76 136 89 66, www.hotellfangelset.se. DZ/Familienzimmer 1.150 SEK pro Nacht.

Eine Holzbrücke dient als Verbindung zwischen den Schäreninseln

Häuser, die fast aussehen wie Puppenhäuser, sind auch als Unterkunft zu mieten *[Buchungen unter Tel. +46 70 350 11 86. Ca. 1.000 SEK/Haus und Nacht]*. Zwischen Blumen und Bäumen findet man in Haus Nummer 6 **BÅTSMANSGRÄNDS KAFFESTUGA,** ein Café und Restaurant mit traditionellem schwedischem Essen, Kuchen und einem hochgelobten Krabbenbrot. Vom nahe gelegenen Bahnhof fährt an den Wochenenden zwischen Mitte Juli und Anfang August eine kleine Dampflok mit einer **SCHMALSPURBAHN.** Bis in das Dorf **VERKEBÄCK,** wo man Kaffee, Brötchen und Eis kaufen kann, braucht der historische Zug 25 Minuten *[Abfahrt in Västervik, Stationsgatan 2, 593 31 Västervik, www.smalsparet.se. Sa 9.55 u. 13.55, So 11.05 Uhr. Hin- und Rückfahrt Erw. 120 SEK, Kinder (unter 18 J.) 60 SEK, 2 Kinder (bis 6 J.) pro Erw. frei]*.

Die stolzen Einwohner nennen Västervik auch gern „die Perle der Ostsee" und behaupten, dass „ihr" Teil der Küste die schönsten Schären Schwedens zu bieten hat. Während einer Bootsfahrt zwischen den Inseln muss man ihnen recht geben. Egal ob als Tagesausflug oder mit Übernachtung auf einer der Inseln – die Landschaft ist sicherlich beeindruckend. So schön Västervik auch ist, die meisten Besucher kommen, um in die Schären zu fahren: baden, paddeln, Fahrrad fahren – oder einfach die frische Meeresluft genießen.

Besonders die **INSEL HASSELÖ** ist dank ihrer Badeplätze mit flachen, langen Einstiegen bei Familien mit Kindern beliebt *[Anreise mit „MS Freden" dauert 1 Std. von Skärgårdsterminalen (Schilder Richtung Skärgårdsbåtar) in

Der Hafen in Västervik

Västervik, www.hasselo.com. Abfahrten Juni 10, 12, 15, Aug 10, 12, 14, 16 Uhr, Rückreise von Hasselö immer eine Stunde später. Erw. 100 SEK pro Einzelfahrt, Kinder (4-12 J.) 50 SEK]*.

In der Bucht **HASSELÖ SAND,** wo die Boote aus Västervik anlegen, gibt es neben einem schönen Sandstrand auch ein Café und das **HANDELSBOA,** ein urige Einkaufsbude mit allem, was man für seinen Schärenbesuch braucht. Hier kann man auch Kanus, Kajaks und Tretboote mieten, um selbst die Schärenlandschaft vom Wasser aus zu entdecken. Familien mit größeren Kindern können auch mehrere natürliche Badeplätze auf der Insel genießen, wo man von Felsen aus ins Meer springen kann. Die Insel hatte einst ganzjährig 300 Bewohner, heute nur noch knapp 30. Sie ist autofrei und daher für Fahrradtouren mit Kindern gut geeignet *[Fahrradvermietung beim Handelsboa, Räder für Erw. und Kinder (Helme kostenlos) sowie Karren, Erw. 90 SEK pro Tag, Tandem 190 SEK pro Tag, Kinderfahrrad 50 SEK pro Tag]*. Eine neun Kilometer lange Straße führt in nord-südlicher Richtung über die Insel.

Tour 6: Öland – die flache, sonnige Badeinsel

FÄRJESTADEN • OTTENBY • BORGHOLM

WO: *Insel Öland in der Provinz Kalmar* – **WIE:** *Mit Auto und Fahrrad* – **DAUER:** *Tages- oder Wochenendausflug* – **NICHT VERGESSEN:** *Kamera, Sonnenschutz, Picknickkorb, Badesachen*

Viel Sonne, wenige Regentage und mildes Klima – mit diesen Voraussetzungen, 500 Kilometer Küste und über 50 Stränden ist die Insel Öland das südschwedische Badeparadies. Da ist es nicht verwunderlich, dass auch die königliche Familie ihren Sommerurlaub hier verbringt. Die Sommerresidenz **SCHLOSS SOLLIDEN** hat einen wunderschönen Garten, in dem jeden Sommer der Geburtstag von Prinzessin Victoria gefeiert wird. Die Insel ist knapp 140 Kilometer lang, aber nicht mehr als 16 Kilometer breit. Im Norden findet man die meisten Campingplätze und Feriendörfer, der Süden ist von Touristen weniger überrannt und besteht zum Teil aus dem großen Naturreservat **STORA ALVARET,** einer einzigartigen Kulturlandschaft auf einem Kalksteinplateau. Typisch für ganz Öland sind die niedrigen **STEINMAUERN,** manche bis zu 1.000 Jahre alt, die die Felder abgrenzen. Zusammen mit den 350 **WINDMÜHLEN** aus Holz sind sie das Wahrzeichen der Insel.

Süden: Natur und Ruine

Von Kalmar aus verbindet die sechs Kilometer lange und kostenfreie Brücke **ÖLANDSBRON** die Insel mit dem Festland. Es ist eine kurze Strecke, aber gefühlt eine Reise in ein anderes Land, denn Öland ist – ja, anders. Hier findet man eine besondere Heidelandschaft und Strände, die einfach schöner sind als auf dem Festland. Als Erstes erreicht man **FÄRJESTADEN,**

Strände auf Öland

Eigentlich ist ganz Öland ein einziger Sandstrand. Wer Richtung Wasser geht, wird fündig. Manche Badeplätze sind aber besser für Familien mit Kindern geeignet:

BJÄRBYBADET: weißer Sand, ruhig.

ÄLEKLINTA: einer der schönsten Strände der Insel mit Sandbänken.

BÖDA SAND: 20 Kilometer lang, der Klassiker unter Ölands Stränden. Auch nördlich von Böda Sand gibt es Strände, die genauso schön sind, an denen aber deutlich weniger los ist. Zwar mit weniger Angeboten, aber oft menschenleer.

Öland lockt zu zahlreichen Stopps am Wegesrand

wo vor der Eröffnung der Brücke 1975 die Fähren anlegten. Mit 5.000 Einwohnern ist es der größte Ort der Insel, für die meisten Touristen aber nicht das Ziel. Zum Einkaufen oder für einen Nachmittag mit Stadtbummel ist es aber gut geeignet.
Von Färjestaden führt die Landstraße 136 an der Küste entlang einmal um die Insel. Südlich von Färjestaden befindet sich das nette und kinderfreundliche **CAFÉ MEJERIET** in einer alten Molkerei direkt neben der Straße *[Vickleby Bygata 58, 386 93 Färjestaden, Tel. +46 485 364 94. Ab Mittsommer-Mitte Aug Di-So 12-15, 19-24 Uhr]*. Mit Eis und kleineren Gerichten ein guter Zwischenstopp.
Wer weiter Richtung Süden fährt, kommt bald ins karge Naturreservat **STORA ALVARET,** seit dem Jahr 2000 auf der Liste des UNESCO-Weltkulturerbes. Das Kalksteinplateau ist 40 Kilometer lang und zehn Kilometer breit und damit das größte der Welt. Innerhalb dieses Gebiets findet man alles von trockener Felsenlandschaft über zahlreiche Seen bis zu prunkvollen Orchideenfeldern. Im Laufe des Sommers blühen verschiedene Blumenarten und verändern das Erscheinungsbild von Stora Alvaret. Die Pflanzenvielfalt ist enorm und auch unter Vogelbeobachtern ist Stora Alvaret sehr beliebt.
An den allersüdlichsten Spitze von Öland steht der **LÅNGE JAN,** mit 41 Metern Höhe höchster Leuchtturm Schwedens *[386 64 Degerhamn, Tel. +46 10 223 80 00. März Mo-Fr 10-15, April Sa/So 10-15, Mai/Juni tägl. 11-17, Juli/Aug tägl. 10-18, Sep-Nov tägl. 11-16 Uhr. Eintritt frei]*. Von der Aussichtsplattform hat man einen kilometerweiten Blick über die Ostsee und das südliche Öland. Direkt daneben befindet sich das **NATURUM OTTENBY,** wo man mehr über die besondere Natur und vor allem den reichen Vogelbestand auf Öland erfahren kann *[Ottenby 401, 386 64 Degerhamn, Tel. +46 485 66 12 00, http://birdlife.se/naturum-ottenby/start/. Geöffnet siehe Långe Jan, Eintritt frei]*.

Die königliche Sommerresidenz – Schloss Solliden – im schönsten Garten der Insel

Im östlichen Teil von Stora Alvaret, fast an der Küste, steht **BURG EKETORP,** die Rekonstruktion einer Burganlage, die zwischen 400 und 1300 gebaut wurde *[380 65 Degerhamn. Tel. +46 485 66 20 00, www.eketorp.se. Ende Juni-Mitte Aug tägl. 10.30-18, Mitte Aug-Anfang Sep Mi-So 11-17 Uhr. Erw. 120 SEK, Kinder 80 SEK]*.
Nach langjähriger archäologischer Arbeit und über 24.000 Fundstücken aus verschiedenen Zeitaltern wurde die Anlage wieder originalgetreu aufgebaut. Hinter der Burg wurden Wohnhäuser errichtet, mit den gleichen Methoden und aus den gleichen Materialien wie im Mittelalter. Im Sommer gibt es viele Aktivitäten für Familien. Kinder lernen spielerisch, wie man früher auf der Insel gelebt hat: Bogenschießen, Brotbacken, mittelalterliche Spiele und vieles mehr.
Eine wirklich echte Ruine ist **BORGHOLMS SLOTT,** 30 Kilometer nördlich von Färjestaden an der Westseite der Insel *[Sollidenvägen 5, 387 94 Borgholm, Tel +46 485 123 33, www.borgholmsslott.se. April, Sep tägl. 10-16, Mai-Aug tägl. 10-18 Uhr. Erw. 95 SEK, Kinder (12-17 J.) 60 SEK, (bis 12 J.) frei]*. Von dem imposanten Barockschloss aus der Mitte des 17. Jahrhunderts sind nach einem Großbrand 1806 aber nur die harten Wände aus Kalkstein geblieben. Die Pracht ist verloren, die Größe der Anlage ist noch zu erahnen, unter anderem dank der vier großen runden Türme an jeder Ecke. Das Zusammenspiel von karger Natur und nackten Steinwänden macht die Ruine zu einem beliebten Touristenziel, besonders bei Fotofreunden. Im Innenhof, wo ein grüner Rasen den Steinboden ersetzt hat, finden im Sommer viele gut besuchte Konzerte statt. Zwischen Ende Juni und Mitte August gibt es täglich Kinder- und Familienführungen um 11 und 14 Uhr mit spannenden Geschichten über Ritter.
Ein immer noch höchst lebendiges Schloss ist das nur zehn Minuten entfernte **SCHLOSS SOLLIDEN** *[387 92 Borgholm, Tel. +46 485 153 56,*

Erntedankfest

Bei Schwedens größtem Erntedankfest Ende September wird die alte Bauerntradition des **MICKELSFESTS** gefeiert. Viele lokale Köstlichkeiten können dann probiert werden, vor allem jene mit öländischem Kürbis. Auf der ganzen Insel wird mit Märkten, Konzerten, Ausstellungen und vielem mehr richtig gefeiert. Die zahlreichen Künstler der Insel öffnen ihre Ateliers. Das einzige „Problem“ ist, dass die bis zu 100.000 Besuchern Staus verursachen.

www.sollidensslott.se. Tägl. Mitte Mai-Aug 11-18, Sep 11-16 Uhr. Erw. 90 SEK, Kinder (12-17 J.) 60 SEK, (bis 12 J.) frei]. Die königliche Sommerresidenz ist nach dem Vorbild eines italienischen Landguts gebaut und könnte genauso gut in der Toskana stehen. Stattdessen steht sie mitten im schönsten Garten Ölands, der öffentlich zugänglich ist. Hier können die Besucher durch die verschiedenen Themengärten wandern – neben einem italienischen gibt' auch einen englischen und niederländischen – sowie die Pavillons mit Ausstellungen zu royalen Themen besuchen. Kinder bekommen eine eigene Karte, auf der Plätze ausgezeichnet sind, die besonders gut zum Spielen geeignet sind. Außerhalb des Parks, wo das Naturreservat **SLOTTSSKOGEN** anfängt, findet man das gemütliche **KAFFETORPET** *[387 92 Borgholm, Tel. +46 485 153 56. Mitte Mai-Mitte Sep tägl. 11-18 Uhr]* mit hausgemachten Kuchen und Apfelmost von den Apfelbäumen des Schlossgartens.
Am 14. Juli wird in Solliden jährlich der Geburtstag von Kronprinzessin Victoria groß gefeiert. Der Tag wird Victoriatag genannt und ist inoffizieller Nationalfeiertag von Öland.

Norden Ölands – ein Paradies für Kinder
Je weiter man Richtung Norden fährt, desto öfter sieht man, wofür Öland bei Urlaubern bekannt ist: Camping. Spätestens in der Bucht zwischen Borgholm und Klinta ist es so weit. Dort reihen sich Strände und Campingplätze aneinander. Es gibt 25 Campingplätze auf der Insel – wegen der starken Konkurrenz sind die meisten gut geführt. Manche ähneln einer Mischung aus Hotel und Erlebnispark. So findet man bei **KRONOCAMPING BÖDA SAND** nicht nur Wohnwagenstellplätze und Ferienhäuser im Angebot, sondern auch einen beheizten Pool, eine Spa-Anlage, Tennis- und Golfplätze sowie Saunen *[387 73 Löttorp, Tel. +46 485 222 00,*

Fotostopp: die Ruine Borgholms Slott

www.bodasand.se. Landstraße 136 nach Norden Richtung Borgholm/ Byxelkrok. Böda Sand ist 15 km nördl. von Löttorp ausgeschildert]. Für Kinder wird das volle Programm von Schwimmschule bis Abendunterhaltung mit Animation geboten. Wenn Familien mit Kindern Qualität und ein bisschen mehr Ruhe suchen, ist **SONJAS CAMPING** die richtige Wahl *[John Emils Gata 43, 387 73 Löttorp, Tel. +46 485 232 12, www.sonjascamping.se]* – mit Pizzeria, kleinem Einkaufsladen, einem Babypool und Jacuzzi.

Fast ganz im Norden liegt **BYXELKROK,** das sich in den Sommermonaten von einem schläfrigen Fischerdorf in einen der beliebtesten Urlaubsorte Ölands verwandelt. Am Hafen tummeln sich die Segelboote und am Ufer stehen rote Holzbuden, in denen Kunst, Handwerk, Bücher und mehr verkauft wird. In der Nähe gibt es Fischrestaurants sowie Kioske mit Eis und einen Fahrradverleih. Im Sommer legen täglich Boote zu Schwedens kleinstem Nationalpark ab, der mythischen Insel **BLÅ JUNGFRUN** *[Abfahrt vom Hafen in Byxelkrok, Überfahrt etwa 1 Std, Juli-Mitte Aug Di/Do/Sa Abfahrt 12.15 Uhr, 4 Std. Aufenthalt auf Blå Jungfrun, zurück in Byxelkrok 18.15 Uhr, Mi/Fr/So Abfahrt 9.30 Uhr, 4 Std. Aufenthalt, zurück in Byxelkrok 15.30 Uhr. Hin u. zurück Erw. 250 SEK, Kinder (7-15 J.) 125 SEK, (bis 7 J.) frei, Familien (2 Erw. u. 2–5 Kinder) 800 SEK]*. Seit Jahrhunderten werden Geschichten über die kleine Insel zwischen Öland und dem Festland erzählt. Hier soll sich Blåkulla befinden, der Ort, zu dem laut schwedischer Sage die Hexen am Gründonnerstag auf ihren

Kroppkakor

Das Nationalgericht Ölands ist auch das Lieblingsgericht vieler schwedischer Kinder: **KROPPKAKOR,** eine Art Kartoffelklöße, die mit Speck und Zwiebeln gefüllt sind. Sie sind der Stolz der öländischen Küche. Verzehrt werden sie mit der in Südschweden so beliebten Preiselbeermarmelade. Überall auf der Insel stehen Schilder, die Kroppkakor anpreisen.

Eine der vielen Mühlen auf Öland

Besen fliegen, um mit dem Teufel zu feiern. Hexen werden Sie bei Ihrem Besuch nicht sehen, dafür aber eine felsige Landschaft aus rotem Granit mit guten Bademöglichkeiten. Es gibt auch schöne Wanderwege, allerdings ist die Insel 86 Meter hoch und der Anstieg sehr steil. Eltern mit kleineren Kindern bleiben besser unten am Wasser. Es gibt nur Toiletten auf der Insel, Essen und Getränke sollten also mitgebracht werden. Bei Regenwetter sind die Felsen spiegelglatt, dann wird die Insel nicht angefahren.

Die ganze Insel mit dem Fahrrad

ÖLANDSLEDEN ist die längste Fahrradroute und führt auf einem insgesamt 400 Kilometer langen, gut ausgeschilderten Fahrradweg quer über die Insel. In Norden von Öland, wo das Straßennetz besser ausgebaut ist, fährt man hauptsächlich auf ruhigen Landstraßen fast ohne Autoverkehr. Im Süden, wo sowieso weniger Verkehr ist, muss man aber die Straßen mit den Autos teilen. Neben der Hauptroute gibt es sogenannte Straßen für Entdecker, kleine Abstecher, die spannende Entdeckungen in Sachen Natur oder Badestrände verheißen.
Die Strecke ist mit gelben Schildern gekennzeichnet. Ein PDF der ganzen Route Ölandsleden ist unter www.cyklapaoland.se als Download zu finden.

Die nordöstliche Spitze von Öland ist von einem kleinen Wald bedeckt, dem **TROLLSKOGEN** *[Trollskogsvägen 20, 387 75 Byxelkrok. Landstraße 136 Richtung Norden, nach Grankulla kurz vor Byxelkrok abbiegen, von dort ausgeschildert]*. Im „Wald der Trolle" verbreiten die alten Eichen und die vom Meereswind geformten Kiefern einen besonderen Zauber.
Ganz oben im Norden steht das Pendant zum Leuchtturm Långe Jan in Süden von Öland: der Leuchtturm **LÅNGE ERIK** *[Holmvägen 101, 387 75 Byxelkrok, Tel. +46 70 794 26 43, www.langeerik.se. Ende Juni-Ende Aug tägl. 11-16 Uhr. Erw. 40 SEK, Kinder 20 SEK]*. Aus weißem Kalkstein gebaut und mit 32 Metern Höhe ist er etwas kleiner als der Bruder auf der südlichen Spitze der Insel.

Fahrradtouren
Öland ist sehr flach: Der höchste Punkt reicht nur knapp 60 Meter über den Meeresspiegel. Damit ist die Insel wie gemacht, um mit dem Rad entdeckt zu werden. Wer kein eigenes Fahrrad dabeihat, kann auf größeren Campingplätzen Fahrräder mieten. Mehrere gut ausgeschilderte Fahrradrouten sind auf der Insel zu finden.
Durch das Naturreservat Stora Alvaret läuft die Fahrradroute **STORA ALVARETLEDEN,** ein kombinierter Wander- und Fahrradweg, der nicht auf ganzer Länge für eine entspannte Tour geeignet ist. Für größere Kinder und Menschen, die keine Angst davor haben, ein bisschen durchgeschüttelt zu werden, ist es aber ein tolles Naturerlebnis. Die Strecke ist mit kleinen Steinhügeln markiert.

Tour 7: Sonneninsel Gotland

VISBY • FÅRÖ

WO: *Größte schwedische Insel in der Ostsee* – **DAUER:** *Mindestens ein Wochenende* – **NICHT VERGESSEN:** *Badekleidung, Kamera, Neugier und spielerische Laune*

Gotland, die größte Insel Schwedens, wird oft „die Sonneninsel" genannt. Das mag wie ein Marketingname klingen, es steckt aber ein Körnchen Wahrheit darin. In der in Schweden so wichtigen „Sonnenliga", die jährlich vom Meteorologischen Institut zusammengestellt wird, ist Gotland fast immer Spitzenreiter.
Mit 800 Kilometern Küste, die meist aus sanft abfallenden Sandstränden besteht, gehört Gotland zu den Lieblingszielen schwedischer Familien. Zwischen den Küsten ist eine flache, für Fahrradtouren auch mit Kindern gut geeignete Landschaft zu finden. Der Erdboden besteht aus Kalkstein, der auch als Baumaterial für die über 90 schönen Kirchen aus dem Mittelalter gedient hat. Aus dem harten Kalk sind auch die Raukar, die für Gotland typischen Steinformationen. Hier erahnt man, warum Gotlands zweiter Spitzname „die Zauberinsel" lautet. Die Sonnen- und Zauberinsel ist nicht durch und durch schwedisch. Die Inselbewohner sagen gern „die Schweden", wenn über die Landsleute auf dem Festland geredet wird. Der lokale Dialekt Gutniska ist selbst für schwedische Muttersprachler nicht leicht zu verstehen und die Insel hat durchaus eine eigene Kultur, vor allem wenn es um Essen und Spiele geht.

Die Stadtmauer ist das Wahrzeichen der früheren Hansestadt Visby

Gotland Woche für Woche

Die Schweden mögen Ordnung. Daher ist die warme Jahreszeit nach Aktivitäten in verschiedene Wochen aufgeteilt. So findet in der ersten Juliwoche die „Politikerwoche" statt, dann tummeln sich alle Entscheidungstreffer des Landes dort. Die dritte Juliwoche ist die „Stockholmerwoche", wenn wohlhabende Jugendliche aus der Hauptstadt anreisen, um es in Visby richtig krachen zu lassen. Auf Fårö findet Ende Juli die „Bergman-Woche" (s. S. 67) statt. Die zweite Augustwoche ist dem Mittelalter gewidmet: In der „Medeltidsveckan" wird Visby mit Ritterspielen, Straßentheater, Konzerten und 40.000 Besuchern zurück ins 14. Jahrhundert katapultiert.

Visby – lebendige Geschichte und Halligalli

In den Sommermonaten ist **GOTLAND** von vielen Orten in ganz Skandinavien per Flugzeug gut zu erreichen. Die meisten aber kommen mit den Fähren von **DESTINATION GOTLAND** *[Information und Buchung unter www.destinationgotland.se oder telefonisch unter +46 771 22 33 00. Ticketpreise variieren je nach Anfrage und Saison, Erw. 95-390 SEK, Kinder (3-12 J.) 40-80 SEK, Pkw 260-550 SEK]* aus Nynäshamn, 60 Kilometer südlich von Stockholm (Fährüberfahrt 3,5 Std.), oder Oskarshamn, nördlich von Kalmar in Småland (Fährüberfahrt 3 Std.). Egal ob aus der Luft oder auf dem Wasser, alle kommen in Visby an – der perfekte Ausgangspunkt für den Urlaub auf Gotland. Bei der Ankunft in Visby hat man das Gefühl, in der Kulisse eines Ritterfilms gelandet zu sein. Die ganze Altstadt ist seit 1995 Weltkulturerbe und einer der am besten erhaltenen Stadtkerne aus dem Mittelalter Nordeuropas.

Vom zentralen **DONNERS PLATS** mitten in Visby führen enge Gassen wie ein Labyrinth durch die Altstadt, vorbei an den alten Kaufmannshäusern und Speichern mit ihren bunten Fassaden und Stufengiebeln. Rundherum führt eine noch fast intakte 3,6 Kilometer lange Stadtmauer mit 27 Türmen aus dem 13. Jahrhundert.

Eine Besonderheit in Visby sind die vielen Kirchenruinen, die in der ganzen Altstadt zu finden sind. 13 Stück insgesamt. Die meisten davon stammen aus dem 13. Jahrhundert und wurden während der Reformation drei Jahrhunderte später verlassen. Daher können Besucher die großen Kirchbögen von **SANKTA KARIN** *[Stora Torget, 621 56 Visby]* oder **SANKT LARS** *[St. Hansgatan, 621 56 Visby]* unter freiem Himmel und mit Kies oder sogar weichem Gras unter den Füßen erleben. Die Ruine **SANKT NICOLAI** *[Smedjegatan 19, 621 55 Visby]* hat wieder zum Teil ein Dach bekommen und wird oft als Konzertsaal genutzt. Im Sommer sind die meisten Ruinen für Besucher geöffnet und im Winter kann man in Sankta Karin sogar Schlittschuh laufen. Von den einst 16 Kirchen wird heute nur noch eine benutzt, der **DOM VON VISBY** *[Västra Kyrkogatan, 621 56 Visby]*.

Gutniska Lekar – gotländische Sportarten

Auf Gotland leben mittelalterliche Sportarten weiter. Die Wettkämpfe werden Lekar, auf Deutsch „Spiele“, genannt – und es geht vor allem um Spaß. Unter anderem spielt man Pärk, eine Mischung aus Fuß- und Handball. Weitere Spiele sind Formen des Ringkampfs, wie Dräg Hank oder Spark Rövkrok. Beim Fest **STÅNGASPELEN** Anfang Juli finden verschiedene Turniere statt.

Das Gebäude mit den drei Türmen aus dem 12. Jahrhundert hat aber in seiner Geschichte nicht nur als Gotteshaus gedient. Im Mittelalter ließen die norddeutschen Kaufleute der Hanse, die Visby damals fest im Griff hatten, einen Zwischenboden einbauen, um ihn als Speicher für ihre Waren zu nutzen.

Wer wissen möchte, wie es aussah, wenn man sich damals zum Essen getroffen hat, sollte ins nahe gelegene **KAPITELHUSGÅRDEN** gehen, ein Restaurant mit Mittelalterthema *[St. Drottensgatan 8, 621 56 Visby, Tel. +46 498 24 76 37, www.kapitelhusgarden.se. Juni-Mitte Aug tägl. ab 17 Uhr. Hauptgerichte ab 150 SEK]*. Bei flackerndem Kerzenlicht im Gewölbekeller oder draußen im großen kinderfreundlichen Garten kommen Gerichte auf den Tisch, die auch zur Hansezeit gekocht wurden.

Die Geschichte ist in Visby und auf Gotland immer spürbar, die Inselbewohner sind stolz auf ihr historisches Erbe. Nirgendwo sonst in Europa wurden so viele Silberschätze gefunden wie auf Gotland – über 750. 1999 fand zum Beispiel ein Bauer 65 Kilo Silber und 20 Kilo Bronze auf seinem Feld. Das und viele andere Schätze sowie Ritterrüstungen sind im Museum **FORNSALEN** zu sehen *[Strandgatan 14, 621 56 Visby, Tel. +46 498 29 27 00, www.gotlandsmuseum.se. Di-So 11-16 Uhr. Erw. 120 SEK, Kinder (bis 19 J.) frei]*. In dem kombinierten Spielraum und in der Kinderausstellung „Skepp & Skoj“ können Kinder auf einem Wikingerschiff oder einer Hansekogge herumtoben und gleichzeitig mehr über die Seefahrt lernen. In den Gassen ringsherum sind in den alten Häusern gemütliche Cafés und Restaurants zu finden. In der Hochsaison gibt es an fast jeder Ecke etwas zu essen, die Terrassen können

Gotländischer Krimi

Schweden ist für seine Krimis bekannt, natürlich ist auch Gotland vertreten. In den Büchern von Autorin Mari Jungstedt folgen die Leser dem Ermittler Anders Knutas. In den Verfilmungen des ZDF spielt Walter Sittler diese Rolle, allerdings unter dem Namen Robert Anders. Bücher und Filme spiegeln beide auf ihre Weise die besondere Landschaft und Stimmung der Ostseeinsel.

Ein Café in der Altstadt von Visby

aber auch voll und laut werden. Wer in Ruhe sein Mahl genießen möchte, sollte sich entweder früh für ein Restaurant entscheiden oder sich außerhalb der Altstadt etwas suchen. Typisch für die gotländische Küche sind Lammgerichte. Schafe heißen auf der Insel immer Lamm, und davon gibt es mehr als Menschen. Auch im Wappen von Gotland ist ein Schafbock zu sehen. Zu den Delikatessen der Insel gehören zudem Käse aus Schafsmilch, lokale Trüffel und Wein. Als Nachtisch ist die Spezialität **SAFRANPFANNKUCHEN** zu empfehlen. Die gelbe, eigentlich weihnachtliche Spezialität wird ganzjährig angeboten und besteht aus Milchreis, Sahne, Mandeln – und natürlich Safran. Wenn man die Altstadt gegen Wellen tauschen will, muss man in Visby nicht weit gehen. Der zentralste Strand ist **VISBY HAVSBAD** und liegt mitten in der Stadt beim Park Almedalen. Das künstliche Strandbad ist aber eher klein und wegen des langen Stegs ins Meer nicht unbedingt für Kinder geeignet. **GUSTAVSVIK** *[Gustavsviksvägen, 621 41 Visby]*, drei Kilometer nördlich vom Zentrum, ist die bessere Wahl: Sandstrand, Minigolf, ein großer Rasen zum Spielen und Kioske mit Eis sowie Getränken sind dort zu finden. Familien mit kleineren Kindern fahren gern noch ein Stück weiter nördlich zur ruhigen Badebucht bei **SNÄCKGÄRDSBADEN** *[Snäckgårdsvägen 64, 621 41 Visby]*, wo der Sandstrand einen besonders flachen Einstieg ins Wasser bietet.

Ausflüge rund um Visby

Der meistbesuchte Ort der Insel liegt unter der Erde. In der **GROTTE VON LUMMELUNDA** (schwedisch Lummelundagrottan), nördlich von Visby, findet der Besucher eine vier Kilometer lange Tropfsteinhöhle mit unterirdischen Seen und Fossilien *[Lummelundsbruk 520, 621 71 Visby, Tel. +46 498 27 30 50, www.lummelundagrottan.se. Mai-Sep tägl. 9-18 Uhr. Erw 140 SEK, Kinder 70 SEK, großes Grottenabenteuer (3 Std., ab 15 J.) 900 SEK/Person, Kindertour (4-6 J.) 85 SEK/Kind. Führungen telefonisch im Voraus buchen]*. Seitdem drei abenteuerlustige Jungen im Sommer 1954 die Grotte entdeckten, hat sie bis heute vier Millionen Besucher angelockt. Es gibt Touren, die extra für Kinder zwischen vier und sechs Jahren gestaltet sind. Ein Teil der Grotte kann sogar mit

Abendstimmung auf der Promi-Insel Fårö

Hälfte Aug 10-17, zweite Hälfte Aug 12-17 Uhr. Hochsaison Ende Juni-Mitte Aug 250 SEK/Person, sonst 150 SEK/Person, alle Fahrgeschäfte inkl.], einem Vergnügungspark direkt am Meer mit Wasserbahnen, Camping und Ferienhäusern. In der Hochsaison Ende Juni bis Mitte August wird um 13 Uhr täglich mit Pippi gesungen, um 15 Uhr findet ein „Pippitheater" statt.

Fårö – Promi-Insel ohne Glamour

Wer weiter nach Norden entlang der Landstraße 148 fährt und am Ende die kostenfreie Autofähre nimmt, landet auf der Insel **FÅRÖ**, die zu Gotland gehört. Flächenmäßig ist sie die achtgrößte Insel Schwedens, nur 500 Menschen wohnen dort.

Kinderwagen befahren werden. Man sollte einen warmen Pulli dabeihaben, denn im Inneren der Höhle ist es um die acht Grad kalt.

Ein bunteres Ausflugsziel steht südlich von Visby, und zwar die „echte" **VILLA KUNTERBUNT.** Astrid Lindgren kam zwar aus der Region Småland, die Fernsehfilme mit Pippi Langstrumpf wurden aber auf Gotland gedreht. Vielen Besuchern kommen manche Straßen von Visby oder die Ringmauer bekannt vor. Die Villa Kunterbunt, auf Schwedisch „Villa Villekulla", steht heute in **KNEIPPBYN** *[Kneippbyn 15, 622 61 Visby, Tel. +46 498 29 61 50, www.kneippbyn.se. Ende Mai-Juni tägl. 12-17, Juli tägl. 10-18, erste*

Die karge Natur erinnert manchmal an eine Mondlandschaft.

Auch wenn es eins der beliebtesten Ziele auf Gotland ist, hat ein Besuch der Insel nichts mit dem für schwedische Verhältnisse hektischen Massentourismus rund um Visby zu tun. Vielleicht war es die Ruhe, die dazu führte, dass Fårö in den 60er-Jahren zu einer Art unglamouröser Promi-Insel avancierte. Regisseur Ingmar Bergman sowie Premierminister Olof Palme verbrachten hier ihre Sommerurlaube. Mit ihnen kamen andere aus Politik und Kultur. Vor allem Bergman hat Fårö bekannt gemacht. Hier wohnte er die letzten Jahre seines Lebens, mehrere seiner

Wilde Pferde

Gotland ist die Insel der Schafe, aber in einem kleinen Gebiet im Süden der Insel sind die letzten Wildpferde Europas zu finden. Das Gotland-Pony ist eine einheimische Pferderasse, die bis Mitte des 19. Jahrhunderts überall auf der Insel zu finden war. Heute leben um die 50 Pferde frei bei **RUSSPARKEN LOJSTA HED.** *Anfahrt: Straße 142, von Visby Richtung Süden, nach 40 km rechts abbiegen und den Schildern „Russpark" folgen.*

Filme wurden in der besonderen Landschaft gedreht. Seit seinem Tod 2007 gibt es auf Fårö das **BERGMANCENTER** *[Fårö Skola, 624 66 Gotland, Tel. +46 498 22 68 68, www.bergmancenter.se. Juni-Aug Di-So 10-17, Sep Do-So 12-16 Uhr. Erw. 100 SEK, Kinder (bis 12 J.) frei]*. Jeden Sommer wird in der letzten Juniwoche das Kinofestival „Bergman-Woche" („Bergmanveckan") gefeiert. Fårö war lange militärisches Sperrgebiet. Das hat dazu geführt, dass es wenig bis gar keine Bebauung gibt – aber einige der besten Strände Gotlands und die für die Insel typischen und bis zu zehn Meter hohen Kalksteinsäulen, die Raukar.

Im Naturreservat **DIGERHUVUD**, zwischen den Fischerhäfen **LAUTERHORN** und **HELGUMANNENS FISKELÄGE** an der Nordwestspitze, stehen Hunderte dieser aus Wind und Wellen geformten Steinformationen. Der Strand lädt zu Spaziergängen ein. Für die, die schneller vorankommen wollen, führt eine kleine Straße die Küste entlang – dank des wenigen Verkehrs eine entspannte Fahrradroute.
An der Ostküste erstreckt sich der Strand **SUDERSAND** *[Fårö Sudersand 5650, 624 67 Fårö]*. Der feine Sand und die Länge machen ihn zu einem der besten Strände Südschwedens. Beliebt bei Kindern ist die „Mini-Sahara" am nördlichen Ende Fårös: Im Dünenreservat **ULLA HAU** können sie auf Sanddünen klettern. Das besondere Flair von Fårö wird auch im Restaurant und Hotel **FURILLEN** spürbar *[Rute Furillen 870, 624 58 Lärbro, Tel. +46 498 22 30 40, www.furillen.com]*. Jeden Sommer wird ein Gästekoch eingeladen, um die Küche in der ehemaligen Kalksteinfabrik zu führen. Die Hotelgäste haben auf die 40 Restaurantplätze immer Vorrecht.

Ingmar Bergmans Sommerhaus auf Fårö

Tour 8: Die kinderfreundliche kleine Großstadt am Meer

GÖTEBORG

WO: *„Hauptstadt" von Westschweden* – **WIE:** *Anreise mit dem Auto, Zug, Flug oder Fähre* – **DAUER:** *Wochenende* – **NICHT VERGESSEN:** *Kamera, Wasserflasche, Regenjacke, Pullover für den Schärenausflug*

Göteborg (530.000 Einwohner), die zweitgrößte Stadt Schwedens, ist eine lebendige, grüne und maritime Stadt an der Flussmündung des Göta Älv. 1621 wurde sie von König Gustav II. Adolf gegründet. Als Erstes kamen die Holländer, um Kanäle zu bauen und das Marschland zu entwässern. Danach folgten Kaufleute aus Deutschland und England. Vor allem die Beziehung zu den Britischen Inseln war lange stark. Lange wurden hier viele Schiffe in den Werften gebaut, heute sind sie aber alle geschlossen. In anderen Teilen von Südschweden stellt man sich den Göteborger aber immer noch als einen bodenständigen Hafenarbeiter mit guter Laune und großem Herz vor. Mit dem reichlichen kulturellen Angebot, den vielfältigen Shoppingmöglichkeiten, guten Restaurants und einer spannenden Café-Kultur ist Göteborg viel mehr als nur der „kleine Bruder der Hauptstadt".

Witze in Göteborg

Die Göteborger gelten als die Witzbolde Schwedens. Unzählige Humoristen stammen aus der Stadt. Sind die Menschen dort generell lustiger? Viele Südschweden behaupten: Ja. Ein Grund dafür ist wahrscheinlich, dass der lokale Dialekt der Göteborger oft als fröhlich empfunden wird.

Das Zentrum: Kanäle und heilige Fische

Gegenüber dem Hauptbahnhof befindet sich **NORDSTAN** *[Nordstadstorget, 411 05 Göteborg. Mo-Fr 10-20, Sa/So 10-18 Uhr]*, ein Shoppingcenter, das den Bahnhof mit der Innenstadt verbindet. Nördlich davon fließt der Fluss **GÖTA ÄLV**. Entlang seiner Mündung erstreckt sich der größte Hafen Skandinaviens, fast 20 Kilometer lang. Am Ufer, in der Nähe des Hauptbahnhofs, steht die **STADTOPER** *[Christina Nilssons Gata, 411 04 Göteborg, Tel. +46 31 13 13 00, www.opera.se]* und das 86 Meter hohe Hochhaus **LILLA BOMMEN** *[Lilla Bommen, 411 04 Göteborg]*, das aufgrund seiner Form und der rot-weißen Fassade gern „der Lippenstift" genannt wird. Davor liegt die **BARKEN VIKING** vor Anker *[Lilla Bommens Torg 10, 411 04 Göteborg, Tel. +46 31 63 58 00, www.barkenviking.com. DZ ab*

Rundfahrt mit der „Paddan", vorbei am Kungsparken mit dem Stora Teatern

1.295 SEK/Nacht], eine mehr als hundert Jahre alte Viermastbark, die heute als schwimmendes Hotel dient.
Das niederländische Erbe ist im Stadtzentrum noch spürbar – viele Kanäle ziehen sich durch die Innenstadt. Auf ihnen gibt es Rundfahrten mit dem Boot **PADDAN** („Kröte") *[Dauer etwa 50 Min, Abfahrt von Kungsportsplatsen, 411 10 Göteborg. Ende März-Mitte Oktober. Erw. 170 SEK, Kinder (6-15 J.) 85 SEK, Kinder (bis 5 J.) frei]*. Der Name kommt von der flachen Form des Bootes, die nötig ist, um unter den Brücken hindurchzukommen. Wenn man den Kanal **STORA HAMNKANALEN** auf einer der vielen Brücken überquert hat, kommt man in das Viertel **INOM VALLGRAVEN,** auf Deutsch „innerhalb des Wallgrabens". Ein durchaus passender Name, denn im südlichen Teil des Viertels sieht man noch den zickzackförmigen Wasserlauf des alten Wallgrabens. Am seinem westlichen Ende steht das berühmteste Gebäude der Stadt: **FESKEKÔRKA,** die „Fischkirche" *[Rosenlundsgatan 4-6, 411 25 Göteborg. Di-Fr 10-18, Sa/So 10-15 Uhr]*. Die „Kirche" ist eine alte Fischauktionshalle im gotischen Stil aus dem Jahr 1874. Bis 1910 kamen die Fischer jeden Morgen hierher, heute findet man stattdessen zwei gute Restaurants, unter anderem das **RESTAURANG GABRIEL** *[Feskekôrka, 411 20 Göteborg, Tel. +46 31 13 90 51, www.restauranggabriel.se. Di-Do 11-17, Fr 11-18, Sa 11-15 Uhr. Fang des Tages 169 SEK, Austern zum Tagespreis]*, wo Johan Malm, der mehrfache Weltmeister im Austernöffnen, hinter die Theke steht. Bei manchen Fischhändlern nebenan werden nicht nur Produkte aus dem Meer angeboten, sondern auch andere südschwedische Delikatessen wie Elchfleisch.
An der östlichen Seite des Wallgrabens liegt die schöne Grünanlage **KUNGSPARKEN.** Im nördlichen Teil findet man **TRÄDGÅRDSFÖRENINGEN,** zu Deutsch „Gartenverein", der 1842 gegründet wurde, um einen Park anzulegen. Der klassische Garten lädt heute zum Entspannen, Spielen, Essen und Bewundern ein. Im **PALMHUSET,**

Im Palmhuset gibt es rund 30 Palmenarten

einem großen Gewächshaus aus Glas und Stahl von 1878, herrscht auf 1.000 Quadratmetern tropisches Klima. Im **ROSARIUM** blühen jeden Sommer 1.200 verschiedene Rosenarten, in einem 150 Jahre alten Holzhaus befindet sich das **ROSENKAFÉT** *[Slussgatan 1, 411 06 Göteborg, Tel. +46 31 80 29 70]*. Hier wird erstklassige schwedische Husmanskost aufgetischt. Für Kinder gibt es einen außergewöhnlichen Spielplatz des Künstlers Eric Langert. Die Rutsche ist wie ein Fisch geformt, und wenn es dunkel wird, tauchen beleuchtete Kunstwerke auf.

Haga und Slottsparken

Südlich des Wallgrabens fängt das pittoreske Viertel **HAGA** *[zwischen Wallgraben, Linnégatan und Sprängkullsgatan]* an, mit vielen Cafés und kleinen Lädchen. Das Stadtbild prägen die sogenannten **GUVERNÖRSHUSEN** mit ihrer schönen, aber etwas seltsamen Bauweise: im Erdgeschoss aus Stein und der Rest aus Holz. Die Häuser wurden von schlauen Bauherren am Ende des 19. Jahrhunderts geplant, um die damaligen Feuerschutzvorschriften auszutricksen – laut Bestimmungen durften Holzhäuser nicht mehr als zwei Stockwerke haben. Mit dem Erdgeschoss aus Stein war es möglich, Häuser mit drei Stockwerken zu bauen. Das berühmteste Café des Viertels ist **CAFÉ HUSAREN** *[Haga Nygata 24, 411 22 Göteborg, Tel. +46 31 13 63 78, www.cafehusaren.se. Mo-Do 9-20, Fr 9-19, Sa/So 9-18 Uhr]*. Dass man in Südschweden gern die kleinen Zimtrollen Kanelbullar zum Kaffee bestellt, ist bekannt. Hier füllen sie mit einem Durchmesser von 20 Zentimetern einen ganzen Teller aus.

Falls man etwas anderes als einen Zimtkuchen verspeisen möchte, ist das 200 Meter entfernte **EN DELI HAGA** zu empfehlen *[Haga Nygata 15, 413 01 Göteborg, Tel. +46 31 711 57 95, www.endelihaga.se. Mo-Fr 10-19, Sa/So 10-17 Uhr. Mittagstisch 85-105 SEK]*. In dem vegetarischen und ökologischen Restaurant mit einem mediterranen Buffet als Mittagstisch kann es zu Stoßzeiten mit Kinderwagen eng werden. Dafür gibt es reichlich Kinderstühle und freundliches Personal.

Im Westen wird Haga von der Straße **LINNÉGATAN** begrenzt, einem von Bäumen gesäumten Boulevard mit angesagten Bars und Restaurants. Wer sich vor Treppen und Höhe nicht scheut, kann von dort aus einen Abstecher zur Kirche **MASTHUGGSKYRKAN** machen. Auf einem 50 Meter hohen Hügel steht die rote Backsteinkirche, von deren Vorplatz man den besten Blick über die Stadt hat.

Am südlichen Ende des Boulevards fängt der große Park **SLOTTSSKOGEN**

Volvo-Museum

Einst gab es in Südschweden zwei Autohersteller im Umkreis von nur 80 Kilometern. SAAB in Trollhättan und Volvo in Göteborg. Nach der Insolvenz von SAAB 2011 ist nur die Fabrik von Volvo geblieben. Fans von schwedischer Autokultur können das **VOLVO-MUSEUM** im Hafen von Göteborg besuchen, mit vielen Klassikern sowie spannenden Konzeptmodellen. *Arendal Skans, 405 08 Göteborg, Tel. +46 31 66 48 14, www.volvomuseum.com. Mo-Fr 10-17, Sa/So 11-16 Uhr. Erw. 100 SEK, Jugendliche (16-19 J.) 50 SEK, Kinder (6-15 J.) 25 SEK.*

an, eine beliebte Oase in der Stadt. Direkt am Eingang des Parks findet man das **NATURHISTORISKA MUSEET** *[Museivägen 10, 413 11 Göteborg, Tel. +46 10 441 44 00. Di-So 11-17, Do 11-20 Uhr. Erw. 40 SEK, Besucher unter 25 J. frei]* mit vielen ausgestopften Tieren sowie dem Prachtstück des Museums: dem Skelett eines bei Göteborg gestrandeten Blauwals. Es gibt aber auch viele lebendige Tiere zu sehen: in **SLOTTSSKOGENS DJURPARK** *[Slottskogspromenaden, 414 76 Göteborg, Tel. +46 31 365 58 23. Ganzjährig geöffnet, Eintritt frei]*. Dort kann man vor allem skandinavischen Tieren wie Elchen, Rentieren, Schafen und Gotlandpferden begegnen. Beim **SÄLDAMMARNA,** dem Robbendamm, werden täglich um 14 Uhr die Robben gefüttert, um 14.30 Uhr bekommen die Pinguine etwas zu essen.
Im Sommer gibt es den Kinderzoo **BARNENS ZOO** *[Dufvas Backe 3, 413 11 Göteborg. April-Sep tägl. 10-16.30 Uhr. Eintritt frei]*, in dem Kinder den Tieren näherkommen können. Der Spielplatz **PLIKTA** ist ein sogenannter „Ausflugspielplatz“. Neben Rutschen, eine in Form eines Wals, Schaukeln, Karussells, Wasserpumpen und Sandkästen bietet er Plätze für Boule, Tischtennis und Basketball. Es gibt Grillplätze und ein kleines Haus mit Wickelraum und Mikrowelle.

Vasastan, Avenyn und Vergnügungspark Liseberg

Auf der anderen Seite von Haga befindet sich der Stadtteil **VASASTAN,** ein sehr urbaner Teil von Göteborg, der durch die vielen Restaurants,

Die Feskekôrka (Fischhalle) war mal eine Kirche

Studenten der nahe gelegenen Universität und Kunstgalerien geprägt ist. Die breite Straße **VASAGATAN** lädt mit einem in der Mitte verlaufenden Fußgängerweg unter Bäumen zum Spazierengehen ein. Sie verläuft in ostwestlicher Richtung quer durch den Stadtteil.
Wer von Haga kommt, passiert das Hauptgebäude der **UNIVERSITÄT** *[Vasagatan 25, 411 24 Göteborg]* und den dahinter gelegenen kleinen Park **VASAPARKEN.** Nach ein paar Schritten steht man vor einem schlichten, von Efeu fast überwachsenen Backsteingebäude, in dem sich das **RÖHSSKA MUSEET** befindet *[Vasagatan 37-39, 411 37, Göteborg Tel. +46 31 368 31 50, www.rohsska.se. Di/Mi 12-20, Do/Fr 12-17, Sa/So 11-17 Uhr. Erw. 40 SEK, (unter 25 J.) frei]*. Dort werden schwedische und internationale Mode sowie Design gezeigt.
Um die Ecke fängt die **KUNGSPORTSAVENYN** an, im Volksmund nur **AVENYN** genannt – die bekannteste Straße der Stadt. Mit bis zu zehn Meter breiten Bürgersteigen, vielen Cafés und Restaurants ist sie die Prachtstraße von Göteborg. Am südlichen Ende liegt **GÖTAPLATSEN,** ein von kulturellen Institutionen gesäumter Platz mit **GÖTEBORGS KONSTMUSEUM, STADSTEATER** und **KONZERTHAUS.** Mitten auf dem Platz steht seit 1931 eine sieben Meter hohe Statue aus Bronze: **POSEIDON,** vom Künstler Carl Milles entworfen.
Weiter südlich befindet sich der Vergnügungspark **LISEBERG** *[Örgrytevägen 5, 402 22 Göteborg, Tel. +46 31 40 01 00, www.liseberg.se. Ende April-Anfang Okt, Ende Mai-Ende Aug tägl., genaue Zeiten siehe Homepage, Nov/Dez Weihnachtsmarkt. Erw. 90 SEK, Kinder (0-7 J.) sowie unter 110 cm frei, verschiedene Preise für Tageskarten und Fahrgeschäfte]*. Diesen Ort kennt jedes Kind in Schweden. Der größte Vergnügungspark Skandinaviens wurde 1923 eröffnet und war von Anfang an eine Erfolgsgeschichte. Heute kommen bis zu drei Millionen Besucher im Jahr wegen Klassikern wie der Wildwasserbahn „Flume Ride" oder „Balder", der steilsten Achterbahn der Welt. **KANINLANDET** („Kaninchenwelt") ist ein Teil des Parks, der für kleinere Kinder gestaltet wurde. Hier findet man 13 Fahrgeschäfte sowie Kindertheater, Spielplätze und ein Pfannkuchenrestaurant.

Ein Ticket, fünf Jahreskarten

Göteborg hat viel Kultur zu bieten, und das zu einem niedrigen Preis. Wer Eintritt für ein Museum löst, bekommt ein Ticket, das für das ganze Jahr in noch vier weiteren Museen gültig ist. Die fünf Museen sind: Naturhistoriska Museet, Sjöfartsmuseet Akvariet, Göteborgs Konstmuseum, Göteborgs Stadsmuseum und Röhsska Museet. Kultur zum Schnäppchenpreis!

Ausflüge in die Schären

Vom Stadtzentrum aus ist es einfach, einen Tagesausflug in die Schären zu unternehmen. Zu mehreren Inseln kann man sogar fast den ganzen Weg mit Bus oder Straßenbahn fahren, nur der letzte kleine Katzensprung muss mit einer Fähre zurückgelegt werden. Die südlichen Inseln **STYRSÖ, BRÄNNÖ, DONSÖ** und **VRÅNGÖ** liegen näher als die etwas weiter im Norden gelegenen Inseln **BJÖRKÖ, HÖNÖ** und **ÖCKERÖ.** Allen Inseln gemein sind die felsige Schärenlandschaft, das offene Meer und die pittoresken Fischerdörfer. Trotzdem hat jede von ihnen ihren eigenen Charakter.

Auf Styrsö leben rund 1.400 Insulaner – sie ist damit eine der größeren Inseln. Brännö lockt Familien mit Kindern, die an dem kinderfreundlichen Badeplatz **RAMSDAL** sonnige Tage verbringen. Donsö ist bekannt als die „Fischerinsel" und Vrångö mit vielen Badeplätzen und Sandstränden als die „Badeinsel". Die südlichen Inseln sind alle autofrei. Wer mit eigenem Pkw anreist, kann bei **SALTHOLMEN** parken, wo die Fähren abfahren. Die Tickets vom Verkehrsverband Västtrafik gelten auch für die Fähren. An den Wochenenden im Sommer sind die Parkplätze sehr begehrt. Es wird empfohlen, mit öffentlichen Verkehrsmitteln anzureisen. Im Sommer gibt es auch Direktverbindungen per Fähre, die nur 1,5 Stunden von **STENPIREN** mitten in Göteborg zu den südlichen Schäreninseln benötigen. Perfekt für Familien mit Kindern, die Lust auf einen Badeausflug haben *[Lokaler Verkehrsverband Västtrafik. Ende Juni-Ende Aug, Abfahrt von Stenpiren 10.50 Uhr nach Styrsö/Donsö/Vrångö. Rückreise von Vrångö mit Halt auf den anderen Inseln um 15.35 Uhr. Tageskarten sind als Fährtickets gültig: 85 SEK, Kinder (unter 7 J.) kostenlos]*.

Auf den nördlichen Inseln sind Autos erlaubt. Von Göteborg aus führt die **LANDSTRASSE 155** auf die Insel **LILLA VARHOLMEN.** Von hier kommt man mit zwei kostenfreien Autofähren zu den Inseln Björkö und Hönö. Eine Brücke wiederum verbindet die Inseln Hönö und Ockerö. Vom Hauptbahnhof in Göteborg fährt die Buslinie Röd Express bis zu Lilla Varholmen, die Linien 290 und 291 fahren vom ZOB (neben dem Hauptbahnhof) bis zur Insel Hönö. Auf den Inseln verkehren auch Busse. Kein Problem also, einen Ausflug nur mit öffentlichen Verkehrsmitteln zu unternehmen.

Ab Göteborg ist ein Tagesausflug in die Schären ein Muss

Tour 9 – Besuch der Hauptstadt

STOCKHOLM

WO: *An der Ostküste* – **WIE:** *Anreise mit dem Auto, Zug, Flug oder Fähre* – **DAUER:** *Ein Wochenende* – **NICHT VERGESSEN:** *Kamera, Wasserflasche, gute Schuhe*

Die Hauptstadt von Schweden ist nicht nur eine der schönsten Städte Europas, Stockholm ist auch eine der progressivsten und modernsten. Weit im Norden und mit nur einer knappen Million Einwohner hat sie sich als Trendsetter erwiesen: sei es im Design, in der Mode oder der Technik. Gleichzeitig ist Geschichte noch sicht- und spürbar. Dank einer 200 Jahre dauernden Friedensperiode wurde Stockholm vor großen Zerstörungen verschont. Das Stadtgebiet erstreckt sich über 14 Inseln – so ist es nie weit in die Natur. Reisende mit Kindern werden schnell merken, dass Stockholm eine der kinderfreundlichsten Metropolen Europas ist.

Zentrum und Altstadt

Der Mittelpunkt Stockholms ist **SERGELS TORG** *[U-Bahn T-Centralen]*, ein großer öffentlicher Platz mit mehreren Unterführungen voller Läden. Er wurde zusammen mit den umliegenden Vierteln in der 60er-Jahren gebaut, als große Teile der Innenstadt abgerissen und modernisiert wurden. Eine Veränderung, die viele Stockholmer heute bereuen. In der **HAMNGATAN** befindet sich das hundert Jahre alte **KAUFHAUS NK** *[Hamngatan 18-20, 111 47 Stockholm. U-Bahn T-Centralen]*, das für seine schönen Fensterdekorationen bekannt ist. Gegenüber befindet sich der Park **KUNGSTRÄDGÅRDEN** *[Jussi Björlings Allé 5, 103 91 Stockholm. U-Bahn Kungsträdgården]*,

Die Hauptstadt Schwedens ist von Meer umgeben

eine beliebte Pausenoase in der City. Am südlichen Ende des Parks steht die **KÖNIGLICHE OPER.** In der Nachbarschaft, auf der kleinen Insel Helgeandsholmen, befindet sich das **REICHSTAGSGEBÄUDE** und dahinter das **KÖNIGLICHE SCHLOSS.** Mit über 600 Zimmern gibt es genug Platz für die königliche Familie sowie für ganze fünf Museen. Besonders interessant sind die **SCHATZKAMMER** *[Kungliga Slottet, 107 70 Stockholm, im Schlosskeller, Besucherinformation: Tel. +46 8 402 61 30, www.kungahuset.se/kungligaslottet. Jan-April Di-So 10-16, Mai/Juni u. Sep tägl. 10-17, Juli/Aug, Okt-Dez Di-So 10-16 Uhr. Erw. 160 SEK, Kinder (7-17 J.) 80 SEK, (bis 7 J.) frei]* mit den Reichsregalien und Kronjuwelen aus dem 16. Jahrhundert sowie der **LEIBRÜSTKAMMER** *[Juni-Aug tägl. 10-17, Sep-Mai Di-Mi 11-17, Do 11-20, Fr-So 11-17 Uhr, Eintritt frei].* Dort werden echte Prinzessinnenkleider und Roben, die König Gustav II. Adolf im Dreißigjährigen Krieg getragen hat – oft mit mehreren Kugellöchern – gezeigt. Für Kinder bietet der „Ritterclub“ Ausstellungen an, in denen sich die Kleinen als Ritter oder Prinzessin verkleiden können. Hinter dem Schloss fängt die **ALTSTADT,** auf Schwedisch Gamla Stan *[U-Bahn Gamla Stan]*, an. Auf der eng bebauten Insel stammen die meisten der Häuser aus dem 17. und 18. Jahrhundert. In nordsüdlicher Richtung führt die Hauptgasse **VÄSTERLÅNGGATAN** von **REICHSTAG** und königlichem Schloss aus durch die Altstadt. Hier reihen sich Cafés und Läden mit schwedischem Handwerk sowie Souvenirläden aneinander. Ungefähr in der Mitte der Västerlång-

Öffentlicher Nahverkehr

Es gibt Touristenkarten für einen (115 SEK pro Person), drei (230 SEK pro Person) oder sieben Tage (300 SEK pro Person), die man an den Eingängen der U-Bahn oder in Kiosken (z. B. Pressbyrån) mit dem Logo von SL (Storstockholms Lokaltrafik) kaufen kann. Kinder unter sieben Jahre fahren kostenlos. Im öffentlichen Nahverkehr kann man NICHT mit Bargeld bezahlen, außer an den Eingangssperren der U-Bahn. Die U-Bahn ist sauber und sicher und verfügt über drei Linien, die farblich in Blau, Rot und Grün aufgeteilt sind. An Wochentagen fährt sie von 5.30 Uhr bis ca. 1 Uhr, an Wochenenden rund um die Uhr. Alle Bahnhöfe verfügen über Fahrstühle. Die Eingänge sind mit einem blauen T (für Tunnelbana) auf weißem Grund gekennzeichnet. Viele Bahnhöfe sind künstlerisch gestaltet und werden auch als „längste Kunstgalerie der Welt“ bezeichnet. Die meisten Teile der Innenstadt sind mit der Bahn gut zu erreichen, für den Rest gibt es Busse. Blaue Busse sind Schnelllinien. Es gibt vier Straßenbahnlinien, z. B. die Linie 7, die vom Zentrum zur Insel Djurgården fährt. Die Insel ist auch mit den Fähren von SL zu erreichen.

gatan führt die Gasse **KÅKBRINKEN** zum **STORTORGET,** dem ältesten Platz der Stadt, mit dem **SCHANTZSKA HUSET** und dem **SEYFRIDTZSKA HUSET,** zwei imposanten Kaufmannshäusern in Rot und Gelb aus dem 17. Jahrhundert. Die meisten Häuser um den Platz stammen aus der gleichen Zeit. In ihnen befinden sind mehrere Cafés, wie das **KAFFEKOPPEN** („Kaffeetasse") und das **CHOKLADKOPPEN** („Schokoladentasse"). Auf der nördlichen Seite des Platzes steht das **BÖRSHUSET,** die alte Börse, heute das **NOBELMUSEUM** *[Stortorget 2, 103 16 Stockholm, Tel. +46 8 534 818 00, www.nobelmuseum.se. Juni-Aug tägl. 9-20, Sep-Mai Di 11-20, Mi-So 11-17 Uhr. Erw. 100 SEK, Kinder (bis 18 J.) frei]*, wo alle Nobelpreisträger vorgestellt werden. Für Kinder ab sechs Jahren gibt es eine Sonderausstellung, in der sie selbst experimentieren können.

Im Mittelalter gab es durch die Hanse einen starken deutschen Einfluss in Stockholm. So existiert seit 1571 eine deutsche Gemeinde, die in **TYSKA KYRKAN,** in der Deutschen Kirche, zusammenfindet. Die heutige Kirche wurde 1642 eingeweiht. Nach einem Brand 1878 wurde sie aber umgebaut und bekam einen 96 Meter hohen Turm, der bis heute der höchste Punkt der Altstadt ist. Über dem Eingang in der Gasse **TYSKA BRINKEN** stehen die mahnenden Worte „Fürchtet Gott, ehret den König". Weitaus lockerer geht es auf dem gut versteckten Spielplatz **JUNOTÄPPAN** *[Eingang über die Straße Prästgatan]* hinter der Kirche zu, der nach einem Spaziergang zur Verschnaufpause einlädt.

Wer nach der Spielpause ans Ende der Prästgatan läuft, steht bald vor dem berühmtesten Restaurant Schwedens, **DEN GYLDENE FREDEN** *[Österlånggatan 51, 111 31 Stockholm, Tel. +46 8 24 97 60, www.gyldenefreden.se. Mo-Fr 11.30-22, Sa 13-22 Uhr. Mittagstisch 135 SEK]*. Seit 1772 wird dort schwedisches Essen serviert. In dem Lokal haben unzählige Schriftsteller, Künstler und Musiker diniert.

Arlanda Express & City-Maut

Der Stockholmer Flughafen **ARLANDA** liegt 40 Kilometer nördlich der Stadt und ist über die Autobahn E4 oder mit dem **ARLANDA EXPRESS** zu erreichen (Einzelfahrt/hin und zurück Erw. 280/540 SEK, Kinder (8-25 J.) 150/300 SEK, Kinder bis 8 J. kostenlos). Der Zug ist zwar teuer, bietet aber mit 20 Minuten die schnellste Verbindung. Seit 2006 wird in Stockholm eine **CITY-MAUT** erhoben, von den Behörden „Staugebühr" genannt. Die Beträge variieren zwischen 9 und 22 SEK je nach Tageszeit. Bei den Einfahrten zur Innenstadt sind Kameras aufgestellt, die das Nummernschild des Autos fotografieren. Die Rechnung wird dann nach Hause geschickt. Der Verkehr in Stockholm bewegt sich im Berufsverkehr leider nicht schneller als in deutschen Großstädten. Zwischen 18.30 und 5.59 Uhr sowie am Wochenende und im Juli werden keine Gebühren erhoben.

Der Kungsträdgården (S. 74) im Frühling

Djurgården

Mit einer Fähre vom Verkehrsknotenpunkt **SLUSSEN** *[U-Bahn Slussen]* südlich von Gamla Stan erreicht man in fünf Minuten die Insel **DJURGÅRDEN.** Die Fahrkarten der öffentlichen Verkehrsbetriebe SL sind auch für die Fähren gültig. Direkt bei der Ankunft auf der Insel steht man vor den Toren von **GRÖNA LUND** *[Lilla Allmänna Gränd 9, 115 21 Stockholm, Tel. +46 10 708 91 00, www.gronalund.se. Ende April-Ende Sep 10-23 Uhr. Eintritt 110 SEK, Kinder (bis 6 J.) frei]*: ein Vergnügungspark, der seit 1883 den Stockholmern Spaß aller Art beschert. Die „Skyline" des Parks wird von der „Eclipse" geprägt, einer 121 Meter hohen Schaukel, die nur für sehr starke Nerven zu empfehlen ist. Schräg gegenüber von Gröna Lund steht **SKANSEN** *[Djurgårdsslätten 49-51, 115 21 Stockholm, Tel. +46 8 442 80 00, www.skansen.se. Jan-März u. Okt-Dez Mo-Fr 10-15, Sa/So 10-16, April tägl. 10-16, Mai/Juni tägl. 10-18, Juli/Aug tägl. 10-20, Sep tägl. 10-18 Uhr. Erw. 120 SEK, Kinder (6-15 J.) 60 SEK, (bis 6 J.) frei]*, das erste Freiluftmuseum der Welt mit traditionellen Häusern aus allen Teilen Schwedens. Auf 300.000 Quadratmetern mitten in Stockholm lernt man so das ganze Land besser kennen, auch Tiere wie Elche, Bären und Rentiere. Im nahe gelegenen **MODERNA MUSEET** *[Slupskjulsvägen 7, 111 49 Stockholm, Tel. +46 8 52 02 35 00, www.modernamuseet.se. Di/Fr 10-20, Mi/Do 10-18, Sa/So 11-17 Uhr. Sammlung Eintritt frei, ca. 100 SEK für aktuelle Ausstellung]* wird Kunst aus der Gegenwart gezeigt – bereits im Skulpturenpark vor dem Gebäude. Im Museum selbst sind Werke von Pablo Picasso, Andy Warhol, Paul Klee und Gerhard Richter ausgestellt. Für die jungen Besucher gibt es beim Café einen großen Spielraum.

Zurück Richtung Innenstadt stehen die Museen in einer Reihe: Im **ABBA-MUSEUM** *[Djurgårdsvägen 68, 115 21 Stockholm, Tel. + 46 8 12 13 28 60, www.abbathemuseum.com. Tägl. 10-18 Uhr. Erw. 195 SEK, Kinder (7-15 J.) 65 SEK, (bis 7 J.) frei, Tickets gibt's online auf der Homepage zu kaufen, im Museum ist nur Kartenzahlung möglich]* erfährt man alles über die Geschichte der erfolgreichsten Popband Schwedens. Die Besucher können die Bühnenkostüme anprobieren und selbst singen. Kinderwagen sind im Museum nicht erlaubt, sondern müssen auf dem „Kinderwagenparkplatz" davor abgestellt werden.

Richtung Innenstadt kommt man am **NORDISKA MUSEET** vorbei, einem schlossähnlichen Bau, in dem

Kulturhuset in Stockholm

Am Sergels Torg, dem vielleicht nicht ganz gelungenen modernen Platz aus den 70er-Jahren mitten im Stadtzentrum von Stockholm, steht der große Klotz **KULTURHUSET.** Hinter der gläsernen Fassade findet man sieben Stockwerke voller Kultur, vieles davon für Kinder und fast alles umsonst. In der Abteilung „Rum för Barn" („Raum für Kinder") können Kinder malen, basteln, tanzen, musizieren, spielen, klettern, lesen und vieles mehr. Für kleines Geld kann man auch das Kindertheater besuchen und im Haus finden oft Sonderausstellungen mit Kindern bekannten Figuren statt. Im Erdgeschoss befindet sich ein Kinderwagenparkplatz.
Sergels Torg, 111 57 Stockholm, www.kulturhusetstadsteatern.se.

die Kultur und Lebensweise der Schweden gezeigt werden *[Djurgårdsvägen 6-16, 115 93 Stockholm, Tel. +46 8 51 95 46 00, www.nordiskamuseet.se. Tägl. Juni-Sep 9-18, Okt-Mai 10-17 Uhr. Erw. 100 SEK, Kinder (bis 18 J.) frei].* Im **VASAMUSEET** *[Galärvarvsvägen 14, 115 21 Stockholm, Tel. +46 8 519 548 00, www.vasamuseet.se. Tägl. Juni-Aug 8.30-18, Sep-Mai 10-17 Uhr (Mi bis 20 Uhr), Erw. 130 SEK, Kinder (bis 18 J.) frei]* steht das **REGALSCHIFF VASA** aus dem Jahr 1628. Als es gebaut wurde, war Schweden tief in den Dreißigjährigen Krieg verwickelt. Das Land war eine der größten und kriegerischsten Nationen Europas. Die „Vasa" sollte in Polen und Pommern eingesetzt werden, kam aber nicht weiter als bis in den Stockholmer Hafen. Der König hatte immer mehr Kanonen an Deck gefordert, niemand hörte auf die Warnung der Schiffsbauer. Das Schiff war ein imposanter Bau, nur segeln konnte es nicht. Nach nur 1.300 Metern wurde es von einer Windböe gefasst und ging unter. 50 Menschen starben, über 300 Jahre wurde das Ereignis totgeschwiegen. 1961 wurde das Schiff geborgen – sogar mit einer Live-Übertragung im Fernsehen. Nach langer Restaurierung ist es seit 1990 zu besichtigen und beeindruckt Besucher jeden Alters.
Im **JUNIBACKEN** nebenan ist die Stimmung deutlich friedlicher *[Galärvarvsvägen 8, 115 21 Stockholm, Tel. +46 8 58 72 30 00, www.junibacken.se. Jan-April Di-So 10-17, Mai/Juni tägl. 10-17, Juli/Aug tägl. 10-18, Sep-Okt Di-So 10-17, Nov/Dez tägl. 10-17 Uhr. Erw. 159 SEK, Kinder (2-15 J.) 139 SEK, (bis 2 J.) frei].* Das Kindermuseum ist der schwedischen Kinderbuchtradition gewidmet. Die berühmteste Autorin von allen, **ASTRID LINDGREN,** hat es mitgestaltet. Sie wollte aber nicht, dass Junibacken nur eine Hommage an sie selbst sein sollte. Deswegen sind auch Figuren und Plätze aus anderen Kinderbüchern wie Pettersson und Findus im Museum zu finden. Hauptattraktion ist der **MÄRCHENZUG,** der durch die Ausstellung fährt. Mit raffinierten Puppen, Licht und Ton werden verschiedene Geschichten aus Astrid Lindgrens Büchern lebendig.

Das Szeneviertel von Stockholm
Die Insel **SÖDERMALM** südlich der Altstadt ist das trendige Szeneviertel. Dort findet man die besten Läden für Klamotten und Design. Aber Södermalm bietet auch ruhige Parks am Wasser sowie den besten Blick über die Stadt.
Die Hauptstraße des Viertels heißt im nördlichen Teil **GÖTGATSBACKEN.** Dort gibt es eine Fußgängerzone mit zahlreichen Klamottenläden, Cafés und Bars. Die steile Hökens Gata führt zum schönen Platz **MOSEBACKE TORG,** wo die Terrasse des Theaters und Restaurants **MOSEBACKE** einen unschlagbaren Panoramablick über die Altstadt und Djurgården bietet. Es gibt eine Aussichtsplattform mit einem dazugehörigen Restaurant namens **GONDOLEN,** das mit dem Fahrstuhl **KATARINAHISSEN** *[10 SEK pro Person und Fahrt]* vom **SÖDERMALMSTORG** unten am Wasser erreichbar ist *[U-Bahn Slussen]*. Beim großen Platz **MEDBORGARPLATSEN,** auf dem die **GÖTGATAN** auf die **FOLKUNGAGATAN** trifft, verwandelt erstere sich zu einer vierspurigen Straße. Genau vor dem Platz biegt man deshalb besser ab Richtung Park **BJÖRNS TRÄDGÅRD** *[U-Bahn Medborgarplatsen]*. Hier locken ein großer Spielplatz, ein Skatepark und das **BABYLON,** eine kleine Bar mit Restaurant *[Björns Trädgårdsgränd 4, 116 21 Stockholm, Tel. +46 8 640 80 83. Mo-Fr 11-24, Sa/So 12-24 Uhr]*.
Das Viertel südöstlich des Medborgarplatsen wird **SOFO** (South of Folkungagatan) genannt. In den Straßen **BONDEGATAN, SKÅNEGATAN, SÖDERMANNAGATAN** und **NYTORGSGATAN** *[U-Bahn Medborgarplatsen]* findet man charmante Läden, Cafés, Restaurants und Secondhandläden. Der Park am Nytorget hat einen beliebten Spielplatz. Dort befindet sich auch das **URBAN DELI** *[Nytorget 4, 116 40 Stockholm, Tel. +46 8 42 55 00 30, www.urbandeli.org. Mo/Di 8-23, Mi/Do 8-24, Fr/Sa 8-1, So 8-23 Uhr. Mittagstisch ab 115 SEK, Hauptgerichte ab 205 SEK]*, ein Supermarkt, kombiniert mit einem Restaurant.
In den westlichen Teilen von Södermalm geht es ruhiger zu. Auf dem Spielplatz unter den Bäumen am **MARIATORGET** *[U-Bahn Mariatorget]* treffen sich die Eltern aus dem Stadtteil und holen sich hausgemachtes ökologisches Eis bei **STIKKI NIKKI** *[Mariatorget 1 c, 118 48 Stockholm]*. Noch weiter westlich liegt der Stadtteil **HORNSTULL** und der große Park **TANTOLUNDEN** *[U-Bahn Hornstull]* mit Spielplätzen und einem kleinen Badestrand. Entlang des **HORNSTULLSTRANDS** ist jeden Samstag und Sonntag von April bis Oktober Markttag mit Kunst, Vintageklamotten und Food-Trucks *[www.hornstulls marknad.se, 11-17 Uhr, U-Bahn Hornstull]*.

Södermalm ist das Szeneviertel der Stadt

Tour 10: Ausflüge rund um die Hauptstadt

FJÄDERHOLMARNA • VAXHOLM • BIRKA • DROTTNINGHOLM

WO: *In der Umgebung Stockholms* – **WIE:** *Mit dem Auto* – **DAUER:** *Tagesausflüge* – **NICHT VERGESSEN:** *Kamera, Badesachen, Sonnenschutz*

Fjäderholmarna

Für Inselfeeling muss man nicht weit fahren – die Schären beginnen direkt vor den Toren Stockholms. **FJÄDERHOLMARNA,** vier Inseln westlich der Innenstadt, sind mit einer 25-minütigen Bootsfahrt zu erreichen und werden oft „die nächstgelegenen Schären Stockholms" genannt *[Anreise von Nybroplan, Steg 13, 29. April-3. Sep. tägl. Abfahrten jede Stunde 10.30-22.30. Erw. 145 SEK, Kinder (6-15 J.) halber Preis, (bis 5 J.) frei]*. Mit rot gestrichenen Bootshäuschen und Felsen, die bis ins Wasser reichen, findet man schon hier fast alles, was man mit einem Ausflug in die Schären verbindet. Die Fähren legen auf der größten Insel an, die allerdings noch so klein ist, dass man sie gut zu Fuß erkunden kann. Direkt am Hafen findet man das **RESTAURANG RÖKERIET** *[Stora Fjäderholmen, 111 15 Stockholm, Tel. +46 8 716 50 88, www.rokeriet-fjaderholmarna.se. Mai-Anfang Sep tägl. 12-23, Sep auf Anfrage, Hauptgericht ab 195 SEK]*, eine beliebte Fischräucherei mit angeschlossenem Restaurant.

Nebenan gibt es seit 2014 die inseleigene Mikrobrauerei **FJÄDERHOLMARNAS BRYGGERI** *[Stora Fjäderholmen, 100 05 Stockholm, Tel. +46 8 718 33 55, www.fjaderholmarnasbryggeri.se. 30. April-5. Juni Do/Fr 14-23, Sa 12-23, So 12-20, 6. Juni-4. Sep Mo-Sa 12-23, So 12-20 Uhr. Hauptgerichte ab 89 SEK, wechselnde Biere]*, wo man außer Bier auch Snacks und kleine Gerichte genießen kann. Die Insel ist ein einziger großer Spielplatz für Kinder. Im **HANTVERKSBYN** („Handwerkerdorf") können die Kleinen selbst töpfern und malen. Im **SKÄRGÅRDSTEATERN**, dem „Schärentheater", auf der Ostseite der Insel findet im Sommer regelmäßig Kindertheater statt *[Programm: www.fjaderholmsscenen.se]* und in der Nähe gibt es einen Sandstrand, wo auch kleinere Kinder planschen können.

Typisches Schärenbild: rote Häuschen am Meer

Anreise mit einem alten Dampfschiff

Vaxholm

Erst da, wo der See Mälaren in die Ostsee mündet, fangen für Kenner die „echten" Schären an. Hier verwandelt sich das Meer in ein Labyrinth, in dem die Kapitäne zwischen den Felsen geschickt navigieren müssen. Nach einer knappen Stunde Bootsfahrt vom Zentrum Stockholms aus erreicht man Vaxholm, die „Hauptstadt der Schären". Die idyllische Kleinstadt ist umgeben von Wasser. Vom Hafen führt die Hauptstraße **HAMNGATAN** durch die Stadt. Hier findet man mehrere kleine Lädchen und Cafés. Bei **WAXHOLMS CHOKLAD** *[Hamngatan 9, 184 31 Vaxholm, Tel. +46 8 54 13 37 77, monica@waxholmchoklad.se. Mo-Do/So 12-18, Fr 11-18, Sa 11-16 Uhr]* gibt es neben hausgemachten Pralinen eine große Auswahl an Lakritze. Kurz danach führt die Straße **RÅDHUSGATAN** zum Rathaus und dem kleinen Platz Torget, auf Deutsch schlicht „der Platz".

Auf einer kleinen Insel vor Vaxholm befindet sich das **KASTELLET** *[185 99 Vaxholm, Tel. +46 8 54 13 11 10, info@vaxholmsfastning.se. Mai u. Sep Sa/So 12.15-16, Juni tägl. außer an Mitsommer 12.15-16, Juli tägl. 11.15-19, Aug tägl. 11.15-17 Uhr. Erw. 80 SEK, Kinder (bis 18 J.) frei]*, eine Festung aus dem Jahr 1548. Mehrere Hundert Jahre lang war die Festung Teil der Befestigungslinie Stockholms. Eine Weile diente sie auch als Gefängnis, bis sie 1935 ein staatliches Baudenkmal wurde. Heute findet man dort ein Museum mit alten Kanonen. Hinter dem Kastell erstreckt sich die deutlich größere Insel **RINDÖ**, die mit einer kostenfreien Autofähre von Vaxholm aus zu erreichen ist. Neben einem sehr kleinen Restaurant am Hafen sind auf Rindö fast ausschließ-

Anreise Vaxholm

Die Reedereien **STRÖMMA** und **WAXHOLMSBOLAGET** fahren von der Stockholmer Innenstadt nach Vaxholm. Mit dem Schnellboot ist man in einer knappen Stunde dort. Wer lieber stilecht mit einem über hundert Jahre alten Schiff fahren möchte, muss mit mehr Zeit rechnen, bekommt dafür aber den Charme der Vergangenheit. Ab 110 SEK pro Pers. und Fahrt, Kinder (5-15 J.) oft zum halben Preis, unter 5 Jahren kostenlos. Informationen und Buchungen unter www.stromma.se oder www.waxholmsbolaget.se.

lich private Ferienhäuser zu finden. Von der Landstraße, die quer über die Insel führt, kommt man über kleine Schotterpisten zum Wasser. Hier findet man mehrere kleine und wenig besuchte Badeplätze. Für eine Extratour lohnt es sich, Rindö zu durchqueren und bis zur nächsten Insel **VÄRMDÖ** zu fahren. Bei **SIGGESTA GÅRD** *[139 90 Värmdö, Landstr. 274 von Rindö aus, Tel. +46 8 56 28 01 20, www.siggestagard.se. Mo-Do 9-15, Fr/Sa 9-21, So 9-16 Uhr. Mittagstisch 95 SEK]*, einem alten Gutshof, bekommt man heute feinstes Essen für die ganze Familie. Im gemütlichen Café **ORANGERIET** werden kleine Speisen wie Sandwiches und schwedisches Gebäck verkauft, für den großen Hunger steht im Restaurant **LADUGÅRDEN** ein reichliches Mittagsbuffet zur Wahl. Der Mittagstisch gehört zu den besten in den Schären und lockt täglich viele Besucher aus der Gegend an. Für Kinder gibt es eine Hindernisbahn und mehrere Spielplätze.

Anreise Birka

Anreise von Stadshusbron in Stockholm (hinter dem Hauptbahnhof, U-Bahn T-Centralen), 29. April-24. Sep, Abfahrten 9.30 oder 10 Uhr (je nach Monat), Rückfahrt von Birka um 13.45, 15 oder 15.30 Uhr je nach Monat. Die Fahrt dauert zwei Stunden. Die Preise variieren je nach Saison. Erw. 320-390 SEK, Kinder (6-15 J.) halber Preis, Kinder (bis 5 J.) kostenlos.

Birka, die Wikingerstadt

Auf der Insel **BJÖRKÖ,** etwa 30 Kilometer westlich von Stockholm, wurde im Jahr 750 die Wikingerstadt **BIRKA** gegründet. Als wichtiger Handelsplatz spielte sie eine bedeutende Rolle in der Geschichte Südschwedens.

Birka wird oft als „die erste Stadt Schwedens" bezeichnet. Sicher ist aber nur, dass in Birka schon zur Wikingerzeit mit Waren aus ganz Europa und sogar dem Mittleren Osten gehandelt wurde.

Zwischen 700 und 1.000 Einwohner zählte die Stadt in ihrer Hochzeit. Als Benediktinermönch **ANSGAR VON BREMEN** im Jahr 829 nach Skandinavien reiste, um bei den Wikingern zu missionieren, kam er nach Birka und baute dort eine der ersten Kirchen Südschwedens. Doch als der nächste Missionar hundert Jahre später in die Stadt kam, musste er feststellen, dass die Wikinger immer noch Wikinger waren und an ihre nordischen Götter glaubten. Heute steht hier ein großes Keltenkreuz aus Stein zur Erinnerung an Ansgar (der eigentlich kein Kelte war), das sogenannte **ANSGARSKREUZ.**

Nach 200 erfolgreichen Jahren wurde die Stadt verlassen. Warum ist bis heute unklar, die Theorien reichen von politischen bis zu klimatischen Gründen. Bereits im 19. Jahrhundert begann man mit Ausgrabungen.

Seit 1993 zählt Birka zu einer von Schwedens 15 Weltkulturerbestätten. Da die Stadt aus Holz gebaut war, gibt es heute keine Originalreste zu sehen. Aber mit den Erkenntnissen aus den vielen Ausgrabungen wurde ein Wikingerdorf auf der Insel originalgetreu wiederaufgebaut. Dort können

Das Ansgarskreuz in Birka

Besucher jeden Alters heute einen Spaziergang durch das neue Birka machen und viel Spannendes über das Leben der Wikinger lernen.
Unten am Wasser liegen nachgebaute Wikingerschiffe, und jedes Jahr im Juli wird es in Birka sehr lebendig. Dann finden die **VIKINGAVECKORNA**, auf Deutsch die „Wikingerwochen", statt und Handwerker aus ganz Südschweden, die noch das alte Wissen beherrschen, kommen nach Birka. In den mit alten Techniken und Materialien wie Holz und Lehm erbauten Häusern werden dann Schmuck, Klamotten, Lebensmittel und andere Waren hergestellt.
Kinder können ausprobieren, wie es war, vor über tausend Jahren als Junge oder Mädchen in Südschweden aufzuwachsen. Dazu gehört zur Freude vieler „kleiner Wikinger" auch das Bogenschießen.
Im **MUSEUM** *[Birka Vikingastaden, Björkö 5, 178 92 Adelsö, Tel. +46 8 56 05 15 40, www.birkavikingastaden.se. Mai Mo-Fr 11-14.30, Sa/So 12-15, 10.-21. Juni tägl. 11.30-15.30, 24. Juni-13. Aug tägl. 11-17, 14. Aug-1. Sep Mo-Fr 11-14, Sa/So 12-15, 7.-24. Sep Do/Fr 11-14, Sa/So 12-15 Uhr. Eintritt inklusive, wenn man mit einer Fähre der Linie Strömma anreist, sonst Erw. 150 SEK, Kinder (6-12 J.) 75 SEK, Kinder (bis 5 J.) frei]* wird die Geschichte von Birka mit allerlei ausgestellten Fundstücken erzählt. Arabische Münzen und Keramik aus Norddeutschland sind einige Beweise für die Beziehungen zwischen Birka und der restlichen Welt. Beliebt bei den Kindern sind die detaillierten Modelle, die Szenen aus dem Alltag der Wikingerstadt darstellen.
Im Shop sind neben Wikingerschmuck auch historische Spielzeuge und Kunsthandwerk zu kaufen. Manche der Sachen passen heute genauso gut als Deko ins Wohnzimmer wie vor tausend Jahren.
Birka ist das Hauptziel für die meisten Besucher auf Björkö, aber die Insel bietet mehr als nur eine spannende Geschichte.
In einer Bucht südlich des Museums findet man einen Badeplatz mit kleinem Sandstrand, der auch für Kinder geeignet ist.
Gleich nebenan befindet sich das Restaurant **SÄRIMNER** *[22. Juni-27. Aug tägl. geöffnet, Mittagstisch 145 SEK, für Kinder (6-12 J.) halber Preis]*, in dem mit lokalen Zutaten gekocht wird, das Bier kommt aus einer kleinen Brauerei auf einer Nachbarinsel.
Für den kleinen Hunger bietet sich das **CAFÉ ELDRIMNER** an *[10.-21. Juni u. 1. Juli-13. Aug tägl. geöffnet]* mit Kaffee, Erfrischungsgetränken, Eis und belegten Brötchen.

Drottningholm
Einen Platz mit einem anderen zu vergleichen führt oft zu überhöhten Erwartungen. Aber wenn das Schloss **DROTTNINGHOLM** *[178 02 Drottningholm, Tel. +46 8 402 62 80, www.kungahuset.se. Mai-Aug tägl. 10-16.30, Sep tägl. 12-15.30, Okt-April Sa/So 12-15.30 Uhr. Erw. 120 SEK (180 SEK mit Kina Slott), Kinder (7-17 J.) 60 SEK (90 SEK mit Kina Slott), (bis 6 J.) frei.]* auf der Insel **LOVÖN** (11 Kilometer westlich von Stockholm) als das „schwedische Versailles" bezeichnet wird, kommt man der Wahrheit schon sehr nah. Nicht nur weil das französische Schloss als Vorlage galt, sondern auch weil Drottningholm mit seinen Pavillons, Gärten und dem Schlosstheater ein sehr beeindruckendes Ausflugziel ist.
Seit 1981 ist das Schloss offizieller Wohnsitz der königlichen Familie, zehn Jahre später wurde es in die Liste des UNESCO-Weltkulturerbes aufgenommen. Der größte Teil der umliegenden Parkanlagen ist öffentlich zugänglich und zeigt viele Stile aus verschiedenen Epochen. Der erste Park im symmetrischen Barockstil mit Terrassen und Labyrinthen wurde im Laufe der Zeit durch einen natürlicheren Englischen Garten erweitert. Im südlichen Teil des Parks steht **KINA SLOTT**, ein chinesisches Lustschloss, das König Adolf Fredrik als Geburtstagsgeschenk für Königin Lovisa Ulrika 1753 bauen ließ. Hinter der rosa Fassade befindet sich eine große Sammlung mit Porzellanpuppen, Keramik und Möbeln aus China *[Mai-Aug tägl. 11-16.30, Sep tägl. 12-15.30 sowie Feiertage Mai-Sep 11-16.30 Uhr. Erw. 100 SEK, Kinder (7-17 J.) 70 SEK, (bis 7 J.) frei]*. Neben dem Schloss befindet sich das **SLOTTSTEATER**, das Schlosstheater, das als eins der am besten erhaltenen Barocktheater Europas gilt. Spannend sind vor allem die Bühnentechnik und die Kulisse aus dem Jahr 1766. Das Ganze wird immer noch mit der alten Mechanik aus Holz und per Hand gesteuert.

Das „schwedische Versaille": Drottningholm

Anreise Drottningholm

Grüne U-Bahn-Linie Richtung Åkeshov bis zum Brommaplan, dort mit den Bussen 301–323 oder 177/178 bis Haltestelle Drottningholm. Mit dem Boot: von Stadshusbron beim Rathaus, April Fr-So stündliche Abfahrten zwischen 10-14 Uhr, Mai-Sep tägl. jede Stunde zwischen 10-19 Uhr. Hin und zurück Erw. 210 SEK, Kinder (6-15 J.) halber Preis, (bis 5 J.) frei, Kombiticket mit Bootsfahrt sowie Eintritt in Schloss, Kina Slott und Theater 445 SEK.

4

DIE TOLLSTEN ATTRAKTIONEN FÜR KINDER

Der vom Aussterben bedrohte Manul, auch Pallaskatze genannt, lebt in Nordens Ark

Nordens Ark, Westschweden

Die Nordens Ark in der Region Smögen nördlich von Göteborg ist zwar ein Zoo, aber auch viel mehr als nur ein Ort mit exotischen Tieren. Schon der Name, auf Schwedisch ein Wortspiel mit „Arche Noah" („Noaks Ark"), gibt einen Hinweis, worum es hier geht. Nordens Ark ist eine Non-Profit-Stiftung mit dem Ziel, gefährdete Tierarten aus aller Welt zu retten. Hier begegnet man daher um die 80 vom Aussterben bedrohten Tierarten: Schneeleoparden aus der Mongolei, Europäischen Wildkatzen, Sibirischen Tigern aus Russland, kleinen Pandas mit rotem Fell aus Burma, Wölfen und vielen anderen, meist eher seltenen und ungewöhnlichen Tieren. Viele von ihnen werden irgendwann in ihrer natürliche Umgebung ausgewildert.

Das Gelände ist wie ein großer Park mit Wald angelegt und daher ziemlich weitläufig. Es lohnt sich also, für kleinere Kinder einen Wagen mitzunehmen oder einen Buggy vor Ort zu mieten (30 SEK pro Buggy). Während der Wanderung kommt man zu verschiedenen Stationen der „Zoolympiad", wo Kinder ihr Können mit verschiedenen Tieren messen können.
Im Anschluss an den Tierpark befindet sich der Ekopark, ein 4,5 Kilometer langer Wanderweg durch die Natur, die so wiederhergestellt wurde, wie es vor 300 Jahren hier aussah.

NORDENS ARK: *Åby Säteri, 456 93 Hunnebostrand, Tel. +46 523 795 90, www.nordensark.se. Tägl. 27. März-25. Juni 10-17, 26. Juni-13. Aug 10-19, 14. Aug-1. Okt 10-17, 2. Okt-26. März 10-16 Uhr. Erw. 230 SEK, Kinder (5-17 J.) 90 SEK, Kinder (unter 5 J.) frei. Parkplätze sind kostenlos, wer möchte, kann Geld in die Milchkanne beim Eingang spenden.*

Robbensafari & Havets Hus, Westschweden

Die westschwedische Provinz Bohuslän besteht zu großen Teilen aus der einzigartigen Schärenküste. Auf den Felsen liegen die großen Robben in der Sonne und genießen die Wärme. Im Sommer kann man zwischen den Inseln mit dem 1945 gebauten Schiff „MS Rania“ auf Robbensafari fahren. Die Tour dauert etwa 1,5 Stunden und startet vom Havets Hus, auf Deutsch „Meereshaus“, in Lysekil und führt kreuz und quer durch die Schären. Mithilfe eines erfahrenen Guides werden die Robben gesichtet, die man während der Fahrt in ihrer natürlichen Umgebung beobachten kann. Auf dem Schiff gibt es die traditionelle schwedische Fika mit Kaffee, Kuchen und Sandwiches. Wenn man zurückkommt, lohnt es sich, im Havets Hus die 40 verschiedenen Meeresaquarien zu besichtigen: das kleinste mit nur 70 Litern und das größte mit 140.000 Litern. Das Highlight ist der Tunnel, in dem man, umgeben von Wasser, Fische aus dem umliegenden Meer beobachten kann.

HAVETS HUS: *Strandvägen 9, 45330 Lysekil, Tel. +46 523 66 81 60, www.havetshus.se. Jan-Mitte Feb u. Nov/Dez Wochenenden 10-16, Mitte Feb-Mitte Juni tägl. 10-16, Mitte Juni-Ende Aug tägl. 10-18, Sep-Nov tägl. 10-16 Uhr. Erw. 120 SEK, Kinder (5-17 J.) 70 SEK, (unter 5 J.) frei.*
ROBBENSAFARI: *Ende Juni-Mitte Juli tägl. um 13, Mitte Juli-Anfang Aug tägl. um 11 u. 15, Aug tägl. um 13 Uhr. Erw. 290 SEK, Kinder (5-17 J.) 150 SEK, Kinder (unter 5 J.) frei.*

Per Anhalter durch die Schären

Das Leben in den Schären ist buchstäblich ein Leben umgeben von Wasser. So ein Leben bringt Regeln mit sich, die Landeier und Touristen nicht unbedingt kennen. Wenn man zum Beispiel auf einer kleinen, einsamen Insel auf dem Bootssteg auf die nächste Fähre wartet, muss man irgendwie mitteilen, dass man mitfahren möchte. Oft findet man bunte Holzkellen, sogenannte **SEMAFOREN,** die man ausklappt, damit der Kapitän einen sieht. Wenn es dunkel ist, sollte man eine Taschenlampe dabeihaben, um Signal zu geben. Sonst muss man mehr oder weniger freiwillig noch eine Nacht bleiben.

Robben aalen sich in der Sonne

Universeum, Göteborg

Das ganze Universum in einem Haus? Nicht weniger als das war das Ziel, als das Erlebnismuseum Universeum 2001 eröffnet wurde. In dem Haus im Zentrum von Göteborg darf man alles von den Tiefen der Ozeane bis zum Weltall erkunden. Auf über sieben Stockwerken können Kinder und Erwachsene mehr über unsere Welt lernen.

Im Aquarium mit 900.000 Liter Wasser bekommt man durch das 16 Meter breite und vier Meter hohe Panoramafenster einen beeindruckenden Einblick in das Leben unter Wasser. Vor allem die Haie und die bunten exotischen Fische faszinieren die Kinder, die gleichzeitig lernen können, warum zum Beispiel Fische im kalten Nordatlantik nicht frieren. Weiter oben befindet sich ein 18.000 Kubikmeter großer, über mehrere Stockwerke wachsender Regenwald. Bei 26 Grad und hoher Luftfeuchtigkeit fühlt man sich wie im Amazonas. Von einem 25 Meter hohen Kapokbaum läuft man über eine Hängebrücke, von der sich Affen und andere Tiere beobachten lassen. Auch giftige Tiere wie Schlangen und Spinnen sind zu sehen – zum Glück hinter Glas.

Auf dem „Vattnets Väg", auf Deutsch „Weg des Wassers", geht man auf eine Reise durch die schwedische Natur, dem Weg des Wassers von Nord nach Süd folgend. Unter anderem kann man in den Kopf eines Adlers eintreten, um zu erfahren, wie der scharfsichtige Vogel die Welt sieht. Als großes Finale betritt man das Weltall. Besucher können in Modellen richtiger Raumfahrtkapseln selbst einen Flug ins All proben. Wer immer noch Energie hat, geht in das „Teknoteket", um mithilfe spannender Experimente mehr über die Wissenschaften zu lernen. Oder man kann mit riesigen Bausteinen bauen. Sportliche Typen sollten in die Abteilung „Hälsa" („Gesundheit") gehen, wo man bei verschiedenen Aktivitäten mehr über seinen Körper lernt. Das Museum ist riesig – wer alles erleben möchte, muss viel Zeit einplanen. An Wochenenden und Ferientagen kann es sehr voll werden.

Am Modell den Alltag der Astronauten erleben

UNIVERSEUM: *Södra Vägen 50, 30020 Göteborg, www.universeum.se. Tägl. 10-18 Uhr. Erw. 180 SEK, Kinder (3-16 J.) 125 SEK, Kinder (unter 3 J.) frei, Familienticket 575 SEK.*

Wildes Rutschvergnügen in der „Big Drop“

Skara Sommarland, Westschweden

Der Vergnügungspark Skara Sommarland, 140 Kilometer nordöstlich von Göteborg, ist groß genug, um dort einen ganzen Urlaub zu verbringen. Das gilt vor allem für junge und ältere Wasserratten. Hier dreht sich fast alles um das nasse Element: von der 21 Meter hohen Freier-Fall-Rutsche „Big Drop“, auf der man bis zu 60 Stundenkilometer erreicht, bis zur etwas ruhigeren Fahrt in großen Reifen auf der Wildwasserbahn. „Kottelagunen“ ist ein Wasserspielplatz, auf einem See können Groß und Klein Wasserski fahren.

Für „trockenen“ Spaß stehen Gokarts und andere Fahrgeschäfte bereit. Insgesamt 46 spannende Aktivitäten, mit oder ohne Wasser, gilt es im Park auszuprobieren.

Neben mehreren Restaurants stehen rund um den Park auch Grillplätze zur Verfügung, auf denen man sein mitgebrachtes Essen selbst brutzeln kann. Der Park verfügt über einen eigenen Campingplatz mit 500 Stellplätzen und 300 Ferienhäusern, er ist wie der ganze Park für Familien mit Kindern angelegt. Der Park ist bei schwedischen Kindern sehr beliebt, im Sommer kann es deswegen an den Wochenenden sehr voll werden.

Auch die nahe gelegene Stadt Skara ist einen Besuch wert. Als eine der ältesten Städte Schwedens beeindruckt sie mit dem großen zweitürmigen Dom *[Södra Kyrkogatan, 532 31 Skara]* aus dem Jahr 1150. Um ihn herum führt ein mittelalterliches Straßennetz, in dem leider nur eine Handvoll alte Holzhäuser die Abrisswellen der 60er-Jahre überlebt hat.

SKARA SOMMARLAND: *532 92 Axvall, www.sommarland.se, Autobahn E 20 von Stockholm oder Göteborg, bei Skara auf Landstraße 49 abbiegen Richtung Skövde Väg und den Schildern folgen. Tägl. Juni 10-17, Juli 10-19, Aug 10-17 Uhr. 395 SEK/Tag, Kinder (unter 1 Meter) frei.*

High Chaparral, Småland

Tief in den Wäldern von Småland findet man den Wilden Westen, voll mit Cowboys, Pferden und Saloons. Was auf den ersten Blick etwas verrückt und beim zweiten vielleicht nur wie ein großer Vergnügungspark (was er auch ist) wirkt, hat einen tieferen Hintergrund. Bis Anfang des 20. Jahrhunderts wanderten 1,5 Millionen Schweden – ein Viertel der Bevölkerung – nach Amerika aus. Die Auswanderer stammten vor allem aus Småland, wo der Boden karg ist und mehrere Jahre mit Missernten dazu führten, dass die Menschen eine bessere Zukunft auf der anderen Seite des Atlantiks suchten.

Der Gründer von High Chaparral, Bengt Erlandsson, genannt Big Bengt, wurde durch das entbehrungsreiche Leben geprägt und reiste 1957 durch die ganze USA. Vor allem die Begegnung mit dem amerikanischen Westen beeindruckte ihn. So stark, dass er 1965 200.000 alte Telegrafenmasten kaufte, um damit in Schweden ein Fort zu bauen. Das war der Anfang von High Chaparral. Bald gab es eine Hauptstraße mit Saloons, einen Fluss

Cowboys & -girls mitten in Småland

Knigge beim Schlangestehen

Es kann nicht oft genug gesagt werden: Neben den schönen Badeseen und der kinderfreundlichen Atmosphäre ist der allergrößte Vorteil, den Südschweden als Urlaubsziel bietet: die Leere. Sie bringt Entspannung, vereinfacht das Reisen von A nach B und macht es Kindern oft möglich, ohne die Gefahren des Straßenverkehrs zu spielen und zu toben. Aber diese Leere gibt es nicht immer und überall. In der Hochsaison zwischen Mitte Juni und Anfang August kann es bei beliebten Ausflugszielen wie Erlebnisparks doch recht voll werden. Richtiges Gedrängel ist aber selten, und dank des in Schweden sehr „hoch entwickelten" Schlangestehens geht alles seinen geordneten Gang. Es ist ein großer Fauxpas, sich vorzudrängeln oder schnell zu laufen, um der Erste zu sein, wenn ein neuer Eingang oder eine neue Kasse geöffnet wird. Also: Immer mit der Ruhe, irgendwann sind wir alle dort, wo wir hinwollen.

Auf Tour mit der Dampflok durch einen der beliebtesten Freizeitparks Schwedens

mit dem Raddampfer „Natchez“ und Schauspieler, die wilde Kämpfe für die Schaulustigen vorführten.

250.000 Besucher pro Jahr zählt der Westernpark in Småland heute und ist damit eins der beliebtesten Ausflugsziele für Familien mit Kindern in Südschweden. Hier tauchen Sie in das Jahr 1870 ein, in eine fiktive Stadt mit Banditen und Goldgräbern. Alles sieht genauso aus, wie man es aus den alten Westernfilmen kennt.

Der ganze Park ist für Kinder jeden Alters gut geeignet. Der Teil „Buffalo City“ wurde extra für die Kleineren gestaltet und besteht aus einer Westernstadt im Miniformat. Es gibt Tiere zum Streicheln und Ponys zum Reiten. Neben einer Fahrt mit dem Raddampfer kann man auch eine Tour mit der Dampflok unternehmen. Dreimal am Tag finden Westernshows mit wilden Stunts statt. Eine indianische Tanztruppe aus den USA zeigt traditionelle Tänze. Auf der „Main Street“ befinden sich urige Restaurants im Westernstil mit schwedischer Husmanskost sowie echtem Cowboy-Essen wie Bohnen mit Speck und Barbecue.

Es gibt auch Platz für das Erbe Smålands in „Amerika“. „Kristinastugan“ ist eine nachgebaute Blockhütte aus den Zeiten, als viele Menschen der Region auswanderten. Das Haus wurde anlässlich der Dreharbeiten zur Verfilmung von Vilhelm Mobergs Bücherreihe „Die Auswanderer“ errichtet. Heute beherbergt es ein Café mit Waffeln.

Neben den täglichen Shows finden verschiedene Events statt, wie eine Stunt-Schule für Kinder, in der man lernen kann, wie man fallen muss, ohne sich zu verletzen. Neben dem Park gibt es einen Campingplatz mit Schwimmbad. Wegen seiner Beliebtheit sind die Plätze während der Sommerferien schnell ausgebucht.

HIGH CHAPARRAL: *33031 Kulltorp, Tel. +46 370 827 00, www.highchaparral.se. Juni-Mitte Aug tägl. 10-18 Uhr sowie übrige Wochenenden im Aug. 220 SEK, Kinder (unter 1 Meter) frei*

Isaberg Mountain Resort, Småland

Segway-Tour quer durch den Wald

Das Isaberg Mountain Resort ist das größte Skigebiet Südschwedens. In den „Bergen“ von Småland, wo im Winter reichlich Schnee fällt, befindet sich ein voll ausgerüstetes Skiresort mit acht Liften und zehn Pisten.

Aber auch im Sommer ist Isaberg ein Ort für Abenteuer und Spaß. Es gibt viele Möglichkeiten, Kanu oder Kajak zu fahren *[80 SEK/Std. oder 300 SEK/Tag und Boot]*, und in den Bergen, die man im Winter schnell herunterrodelt, lässt es sich im Sommer prima wandern und Mountainbike fahren. Im Hochseilgarten kann man in den Bäumen klettern. Es gibt mehrere Routen mit verschiedenen Schwierigkeitsgraden zwischen den Plattformen: von der grünen Route in nur knapp fünf Meter Höhe für Kinder ab acht Jahren bis zur schwarzen Route, wo die Kletterer in 15 Meter Höhe kraxeln und mindestens zwölf Jahre alt sein müssen. Unten auf dem Boden findet man Südschwedens größten Abenteuerspielplatz, auf dem es auch mehrere Grillplätze gibt.

Ein etwas ungewöhnliches Naturerlebnis sind die „Segway Offroad Tours“, bei denen man auf einem Segway durch den Wald fährt *[für Kinder ab 10 J., 350 SEK/Person]*.

Vom Resort aus erreicht man nach einem kleinen Spaziergang den See Algutstorpasjön mit einem Sandstrand samt flachem Einstieg und einem Steg ins Wasser.

Damit nicht genug, hat das Resort einen eigenen Elchpark mit sechs Tieren *[Eintritt 70 SEK, unter 7 J. frei]*.

Es gibt viele verschiedene Übernachtungsmöglichkeiten in Hütten, Ferienhäusern, Hotelzimmern sowie auf einem Campingplatz.

ISABERG MOUNTAIN RESORT: *Isabergstoppen, 330 27 Hestra, Tel. +46 370 33 93 00, www.isaberg.com. Von Süden: Autobahn E 4 Richtung Jönköping, bei Värnamo auf Landstr. 27. Bei Gislaved auf Landstr. 26 wechseln und den Schildern nach Isaberg folgen.*

Sommerrodelbahn, Hallandsåsen, Skåne/Halland

Richtige Berge fehlen zwar in Südschweden, „alpinen“ Spaß findet man trotzdem. Hallandsåsen – der 40 Kilometer lange Gebirgsgrat, der die Provinzen Skåne und Halland teilt – erreicht Höhen bis über 200 Meter. Im Abenteuerpark Kungsbygget auf Hallandsåsen gibt es eine fast 1.000 Meter lange Sommerrodelbahn. Kinder jeden Alters dürfen fahren, das empfohlene Mindestalter ist aber zwei Jahre und kind muss mindestens acht Jahre sein, um allein zu fahren. Größere Kinder, die mindestens 30 Kilo wiegen, haben noch eine Möglichkeit, von oben nach unten zu kommen. Mit der Zipline wird man an einem Seil gesichert, das durch den Wald führt, und rast so durch die Landschaft. Bis zu 75 Stundenkilometer werden erreicht, bis die Stopp-Funktion ein mehr oder weniger sanftes Ende der Reise bringt. Wer einen anderen Adrenalinkick sucht (und 30 Kilo wiegt), kann „Bungy Rocket“ probieren: wie ein Bungee-Jump, nur andersherum – statt in die Tiefe wird man in die Luft katapultiert. Das ist nur etwas für starke Nerven!

KUNGSBYGGET ÄVENTYRSPARK: *Kungsbygget 44, 312 98 Våxtorp. Von Süden: E4 Richtung Stockholm, bei Örkelljunga auf Landstr. 24 Richtung Hässleholm wechseln, von da sind Kungsbygget und Sommarrodel ausgeschildert. April Sa/So 12-17, Mai Sa/So 10-17, Juni tägl. 10-18, Juli-21. Aug 10-20, 22. Aug-25. Sep Sa/So 10-17, 26. Sep-30. Okt Sa/So 12-17 Uhr. Sommerrodelbahn 60 SEK/Fahrt, Zipline 180 SEK/Fahrt, „Bungy Rocket“ 120 SEK/Fahrt.*

Mit Papa macht das sommerliche Rodelvergügen besonders Spaß

Shaun das Schaf heißt die Besucher willkommen in Skånes Djurpark

Skånes Djurpark, Skåne

Ziemlich genau in der Mitte von Südschwedens südlichster Provinz Skåne liegt Skånes Djurpark, der größte Park der Welt für nordeuropäische Tierarten. Fuchs, Elch, Bär, Wolf und 70 andere Arten – 1.000 Exemplare insgesamt – aus ganz Skandinavien sind in dem kinderfreundlichen Park zu sehen. In dem großen Wald fühlen sich Besucher eher wie auf einem Waldspaziergang als wie in einem Zoo. Die Gehege sind in die Landschaft eingebettet. Das gilt auch für die Spielplätze, die am Wegesrand liegen. Auf dem Naturlekplats, auf Deutsch „Naturspielplatz“, können Kinder auf Baumstümpfen balancieren oder selbst etwas mit Ästen, Blättern, Steinen und anderen Materialien aus dem Wald bauen. Die allerkleinsten Gäste können auf dem Kaninlekplats („Kaninchenspielplatz“) auf einer wie ein Kaninchen geformten Rutsche toben.

Auf dem kleinen Bauernhof „Barnens Bondgård“ gibt es kleinere Tiere wie Hühner, Hasen und Schafe zum Füttern und Streicheln.

Seit 2016 ist Shaun das Schaf, bekannt aus Filmen und Büchern, im Tierpark zu Hause. Im 20.000 Quadratmeter großen „Fåret Shaun Land“ können Kinder das Schaf wie auch alle seine Freunde treffen und unter anderem während einer Treckerfahrt Schafe zusammentreiben.

SKÅNES DJURPARK:
Jularp 150, 243 93 Höör, Tel. +46 413 55 30 60, www.skanesdjurpark.se. 1. Mai-Anfang Nov. Die Eintrittspreise wechseln von 149-199 SEK je nach Saison.

Draisinen in Skåne

In der Provinz Skåne findet man viele Möglichkeiten, mit einer Draisine selbst auf alten Bahngleisen zu fahren. Vor allem in der schönen Region Österlen im Osten Skånes gibt es stillgelegte Bahngleise, auf denen man durch die Natur strampeln kann. Von **BROBY** führt eine zwölf Kilometer lange Strecke zum Bahnhof in **GLIMMINGE.** Die Fahrt hin und zurück dauert etwa drei Stunden und verläuft durch Wälder, an Flüssen entlang und über Felder *[Broby–Glimminge 250 SEK pro Draisine mit Platz für 2 Erw. oder 1 Erw. u. 2 Kinder (bis 12 J.), Buchung via Tel. +46 44 440 48 oder info@ogjs.se, Mai-Sep tägl. 10-17 Uhr u. nach Vereinbarung, Schlüssel werden im Ateljé Ingvar, Storgatan 3, 280 60 Broby, abgeholt]*. Bei der Ankunft in Glimminge findet man einen Kiosk mit Kaffee und Kuchen.

Wer noch mehr Erlebnisse zum Thema Zugfahrt sucht, hat in Glimminge die Möglichkeit, in einem stillgelegten Waggon zu übernachten *[Glimminge Station, 280 60 Glimminge, Tel. +46 44 440 48, info@ogjs.se, www.glimmingestation.se. Ab 125 SEK/Pers. u. Nacht]*. Die Abteile haben zwei bis acht Schlafplätze, Küche, Dusche und Toiletten sind über die Waggons verteilt.

Eine Autostunde südlich verläuft die Strecke **SANKT OLOF–GYLLEBOSJÖN,** eine 14 Kilometer lange Fahrt mit der Draisine. Ziel ist der Badesee Gyllebosjön, der mit sanftem Einstieg und einem Sprungturm für Kinder jeden Alters ein attraktiver Badeort ist. Nun heißt es, auf den Gleisen erst ins Schwitzen zu kommen und dann in den See zu springen. Wer mit sehr kleinen Kindern unterwegs ist, bekommt auch Hilfe, den Kindersitz aus dem Auto auf der Draisine zu befestigen *[Järnvägsgatan, 277 40 Sankt Olof, +46 417 102 52, www.dressin.se, Buchung Tel. +46 417 102 52. Start und Rückgabe beim Lokstallet am Järnvägsgatan, 277 40 Sankt Olof. Dauer hin und zurück etwa 2 Std. Erw. 160 SEK, Kinder (2-6 J.) 80 SEK, auf einer Draisine mit 2 Erw. kann 1 Kind (bis 6 J.) kostenlos mitfahren]*.

Weiter Richtung Inland findet man beim Gebirgsgrat **ROMELEÅSEN** in schöner Natur eine Draisinenstrecke durch ein Tal: von Björnstorp bis Veberöd. Auf dem Weg, der hin und zurück um die zwei Stunden dauert, kommt man an Rastplätzen mit Grillmöglichkeit vorbei *[247 98 Genarp, Tel. +46 705 74 76 22, www.dressincykling.se. April-Okt tägl., Tour 1 9-12.45, Tour 2 13-16.45, Tour 3 17-20.45 Uhr. 250 SEK pro Draisine mit Platz für 2 Erw. und 1 Kind]*.

Draisinenfahrt auf stillgelegter Strecke

Lådbilslandet, Öland

In selbst gebauten Seifenkisten, auf Schwedisch „Lådbil“, zu fahren gehört zu den Sommerferien wie Strand und Sonne. Im Lådbilslandet im nördlichen Öland muss man aber nichts bauen, sondern darf die verschiedenen Fahrzeuge fahren: vom Polizeiwagen über Bus und Lkw bis zum Traktor.

Die Seifenkisten haben eigene Motoren und fahren durch eine Ministadt mit Brücken, Kreuzungen und Kreisverkehr. Hier können die Kinder schon einmal die Verkehrsregeln üben. Zwei Strecken, beide breit und mit Asphalt, stehen zur Auswahl: eine für kleine und eine für die etwas größeren Kinder. Daneben befindet sich die „Bauernwelt“, in der Kinder kleine Landwirtschaftsmaschinen bedienen können. Vorhanden sind auch Spielplätze, kleinere Fahrgeschäfte und ein Bummelzug.

Der Preis ist relativ hoch, 350 SEK pro Kind (Erw. sowie Kinder unter 2 J. Eintritt frei), die Auswahl der verschiedenen Seifenkisten und Aktivitäten ist aber so groß, dass es sich lohnt, hier einen Tag zu verbringen. Auf dem Gelände gibt es ein Café mit kleineren Gerichten und Eis.

LÅDBILSLANDET:
Gaxa Skoggata 7, 387 73 Löttorp, Tel. +46 73 998 47 61, www.ladbilslandet.se. Juli 10-18, 1. Aug-Mitte Aug 10-16 Uhr. Kinder 350 SEK, Erw. u. Kinder (unter 2 J.) frei.

Tatütataaa und bruuummm – kleine Raser endlich mal selbst am Steuer

Kolmårdens Djurpark, Östergötland

Der Tierpark Kolmården außerhalb von Norrköping ist nicht nur der größte Skandinaviens, sondern mit 750 Tieren aus aller Welt auch der vielfältigste. In der „Meereswelt" kann man die leider nicht unumstrittenen Delfinshows sehen und in der „Tigerwelt" ist es möglich, den großen Katzen ganz nah zu kommen.
Der Abschnitt „Safari" führt durch eine Savanne, einen Wald, ein Hochplateau und ein Tal voller exotischer Tiere wie Löwen, Nashörner und Giraffen. Lange konnte man die Tour wie auf einer richtigen Safari mit dem eigenen Pkw fahren. Wegen der wilden Tiere und vor allem der Staus wurde mittlerweile eine 2,5 Kilometer lange Hochseilbahn gebaut, mit der die Besucher jetzt in aller Ruhe über die Anlage fahren können.
Zu sehen sind die beiden Elefanten Bua und Sanoi, die König Carl XVI. Gustav als Geschenk vom thailändischen Hof bekommen hat. Ab und zu kommt der König höchstpersönlich vorbei, um die beiden zu füttern.
Neben Tieren lockt Kinder die „Bamses Värld": eine Erlebniswelt, die der in Schweden sehr beliebten Comic-Figur Bamse und seinen Freunden gewidmet ist. Dort befinden sich mehrere große Spielplätze sowie Fahrgeschäfte wie Achterbahn und ein Bummelzug für jüngere Kinder.

Neugieriger Elefantennachwuchs

Angeschlossen sind dem Tierpark mehrere Unterkünfte, unter denen das „Safari Camp" wohl das spannendste ist. Angelegt wie ein Zeltcamp in der Serengeti wohnt man hier direkt bei den Tieren. Wer doch lieber etwas mehr Komfort möchte, sollte sich ein Zimmer in der Jugendherberge suchen oder im Hotel mit Blick über die Bucht einchecken.
Der Park bietet „exklusive Erlebnisse" an: Man kann zum Beispiel zusammen mit den Delfinen schwimmen (ab 13 J.) oder den großen Tiere wie Giraffen oder Löwen ganz nah kommen darf (ab 10 J.). Die Preise sind aber auch eher „exklusiv" – das Schwimmen mit Delfinen kostet z. B. 3.500 SEK pro Person.

KOLMÅRDENS DJURPARK:
61892 Kolmården (170 km südlich von Stockholm, ausgeschildert von der Autobahn E 4), Tel. +46 10 708 70 00, www.kolmarden.com. Tägl. April-Mai 10-17, Juni-Aug 10-18, Sep-Okt 10-17 Uhr. Erw. 429 SEK, Kinder (3-12 J.) 379 SEK, (unter 3 J.) frei.

Julita Gård/ Pettersson & Findus, Södermanland

In wunderschöner Umgebung am See Öljaren zwischen Eskilstuna und Katrineholm, etwa 160 Kilometer westlich von Stockholm, befindet sich das Freilichtmuseum Julita Gård.
Auf dem alten Gut mit einem großen Garten und einem gut erhaltenen Herrenhaus aus dem späten 20. Jahrhundert wird noch Landwirtschaft auf traditionelle Art und Weise betrieben. Auf dem Gelände sind 36 Gebäude wie alte Schmieden, Arbeiterhütten aus Holz, eine Kapelle und eine Stabkirche zu finden. Fast alle kann man von innen besichtigen. Während eines Spaziergangs erfährt man, wie es sich vor hundert Jahren auf einem großen Gutshof in Schweden lebte.

Lieblinge der Kinder: Pettersson & Findus

Der Garten mit alten Apfelbäumen, der Teil der schwedischen Gendatenbank für Apfelsorten ist, mutet wie ein großer Spielplatz für Kids an, die überall frei herumtoben können.
Viele Familien mit Kindern kommen aber nach Julita Gård, um einem bekannten alten Mann und seiner Katze in hautnah zu begegnen: Pettersson und Findus.
Von Mitte Juni bis Mitte August sind die beiden Protagonisten aus den Büchern von Sven Nordqvist vor Ort, um mit den Kindern zu spielen.
Der Hof wurde zusammen mit dem Schriftsteller gestaltet und birgt allerhand lustige Geräte von Petterson. Alles in klein und für Kinder angepasst. Nebenan leben Hühner und Schafe, die die Kinder zusammen mit Pettersson und Findus füttern können.
Wer kann, sollte den Park unbedingt zu Mittsommer besuchen und die traditionelle Feier dort erleben.
Auf dem Gelände finden auch wechselnde Ausstellungen statt, die das Leben in Schweden anno dazumal zeigen. Besucher mit grünem Daumen sollten die „Trädgårdsbutiken“ nicht verpassen, einen Laden voller hochqualitativer Geräte für die Gartenarbeit sowie Bücher, Saatgut, Töpfe usw.

JULITA GÅRD: *Julita Gård, 214, 643 60 Katrineholm, Tel. +46 851 95 47 30, www.nordiskamuseet.se/slottgardar/julita-gard. Mai u. Sep Sa/So 10-16, Juni-Aug tägl. 10-17 Uhr. Erw. 100 SEK, Kinder (unter 18 J.) 20 SEK (nur Mitte Juni-Mitte Aug, sonst Eintritt frei).*

Die Kraft der Gedanken wird in der Erlebnisausstellung greifbar

Megamind, Stockholm

Als das Technische Museum in Stockholm etwas Neues für Kinder anbieten wollte, wurde an nichts gespart. Nach drei Jahren Arbeit öffnete 2015 die Abteilung „Megamind“: eine Wissenschafts- und Erlebnisausstellung, in der Kinder Dinge ausprobieren können, die man sonst nur aus Science-Fiction-Filmen kennt. Der Ausgangspunkt ist, wie der Name schon verrät, das menschliche Gehirn und alles, was man damit machen kann: zum Beispiel mit den Augen malen, Skulpturen in die Luft bauen und sogar Kugeln nur mit der Kraft der Gedanken bewegen.
Außerdem können Kinder testen, ob sie lauter als ein fahrender U-Bahn-Zug schreien, mit dem eigenen Körper Musik machen oder sich in einem dunklen Raum nur mithilfe der eigenen Hände orientieren können. Viele Teile der Ausstellung sind als Spielplätze „getarnt“ – Erfahrungen werden durch Klettern, Tanzen und Spielen gesammelt. So können die Kinder probieren, wie ist, Satelliten zu steuern, indem sie kleine Gokarts auf einem Parcours fahren und gleichzeitig Koordination üben. Und beim Klettern über die Hindernisbahn wird das Gedächtnis trainiert.
Im „Framtidslabb“, dem „Zukunftslabor“, werden Kinder ermutigt, kreative Lösungen für alltägliche Probleme zu finden. Wer eine Idee hat, bekommt dort Hilfe, sie zu realisieren und zu bauen.

MEGAMIND/TEKNISKA MUSEET: *Museivägen 7, 115 27 Stockholm, Tel. +46 8 450 56 00, www.tekniskamuseet.se. Tägl. 10-17, Mi 10-20 Uhr. Erw. 150 SEK, Kinder (7-19 J.) 100 SEK, Kinder (bis 6 J.) frei, Mi 17-20 Uhr Eintritt für alle frei.*

Barnens Ö, Örebro

Mitten durch die südschwedische Stadt Örebro (100.000 Einwohner, 2 Stunden südlich von Stockholm) fließt der Fluss Svartån. Und mittendrin liegt Barnens Ö, die „Kinderinsel". Wie der Name schon verrät, geht es hier um die kleinen Gäste: Alles ist im Miniformat gebaut. Eine Bummelbahn fährt über die Insel. Wer selbst fahren möchte, kann ins Elektro- oder Tretauto mit dazugehöriger Verkehrsschule umsteigen. In dem kleinen Streichelzoo gibt es Schweine, Meerschweinchen, Schafe und Hasen zum Füttern. Ein Minigolfplatz sowie kleine Fahrgeschäfte bieten Unterhaltung. Die Preise sind gemäßigt, eine Fahrt mit dem Bummelzug oder mit dem Tretauto kostet 25 SEK, mit dem Elektroauto 10 SEK. Im Sommer (Juni-Mitte Aug 10-18 Uhr, Abfahrt jede halbe Stunde) ist die Insel mit dem Ruderboot „Wictoria" vom Stadtpark aus zu erreichen, zu anderen Jahreszeiten über Brücken.

BARNENS Ö: *Stora Holmen, 70213 Örebro, Tel. +46 19 14 96 10, www.storaholmen.se. 30. April-28. Aug tägl. 10-18 Uhr.*

Verkehrsregeln kann man praktisch üben

Naturvergnügen

Südschweden bietet unzählige Abenteuerparks, Erlebnisbäder, Zoos und Kinderattraktionen. Der Standard ist hoch, egal wohin man kommt, kann man sicher davon ausgehen, dass es für Kinder jeden Alters etwas Passendes gibt. Aber Südschweden bietet auch viele Erlebnisse, für die man weder Geld ausgeben noch Schlange stehen muss. Für viele Einheimische und Touristen ist es Urlaub pur, einfach zusammen in der Natur um einen Grill oder um ein Feuer herum zu sitzen. Und genau das ist fast überall in Südschweden möglich. Dank Allemansrätten haben alle das Recht, die Natur zu genießen. In vielen Parks, in den Städten sowie in Naturparks auf dem Land gibt es Grillplätze oder kleine Hütten, wo man kostenlos sein mitgebrachtes Essen zubereiten kann.

5

GUT ZU WISSEN

Fakten von A bis Z

Ankunft/Anreise
Eine Möglichkeit, Schweden mit dem eigenen Auto zu erreichen, führt zunächst nach Puttgarden auf Fehmarn, von wo aus man mit der Fähre in 45 Minuten das dänische Rødby erreicht. Die Strecke führt weiter bis Kopenhagen, dort gelangt man über die Öresundbrücke nach Malmö. Alternativ kann zur Überquerung des Öresunds eine kurze Fährfahrt zwischen Helsingør und Helsingborg gewählt werden. Weitere Fährverbindungen werden zwischen Kiel und Göteborg, von Rostock und Sassnitz nach Trelleborg sowie zwischen Travemünde und Malmö angeboten. Verschiedene Airlines fliegen von deutschen Flughäfen nach Stockholm, Göteborg und zum internationalen Flughafen in Kopenhagen, wovon Malmö nur eine 20-minütige Zugfahrt entfernt ist. Auch mit der Bahn ist Schweden gut zu erreichen. Anbieter von Busreisen sind eine preiswerte Alternative. Ein Reisepass oder Personalausweis ist sowohl für Kinder jeden Alters als auch für die Erwachsenen Pflicht.

Auskunft
Praktische Informationen und Reisetipps über Südschweden sind auf der Homepage des schwedischen Fremdenverkehrsamtes VisitSweden (www.visitsweden.com) zu finden. Auf der Homepage kann man das jährliche „Schwedenmagazin" ordern, direkt auf dem Bildschirm lesen oder als PDF herunterladen sowie einen Newsletter bestellen, um immer auf dem neuesten Stand zu sein. Info-Material zu den verschiedenen Regionen kann über die Hotline 069 22 22 34 96 aus Deutschland, aus Österreich unter 0192 86 702, aus der Schweiz unter 044 580 62 94 bestellt werden. Vor Ort gibt es zudem über 300 autorisierte Touristenbüros, die an einem „I" auf blau-gelbem Hintergrund zu erkennen sind.

Anreise über die 7.845 Meter lange Öresundbrücke

Umweltfreundliches Reisen

Reisen ist gut für die Seele, aber nicht immer für die Natur. Wer umweltfreundlich in Südschweden unterwegs sein will, sollte auf die Homepage von Naturens Bästa („das Beste der Natur") schauen. Betriebe, die das Siegel der 2002 gegründeten Organisation bekommen, haben ausschließlich Angebote im Programm, die ökologisch sind und im Einklang mit der Natur durchgeführt werden. Darunter findet man alles – vom ruhigen Familienbesuch auf Bauernhöfen über Angeln bis Klettern und Rafting. Mehr Infos (auf Schwedisch und Englisch) unter www.naturensbasta.se.

Autovermietung

Dank seiner Größe und der menschenleeren Flächen des Landes ist Südschweden optimal mit dem Auto zu entdecken.

Alle größeren Autovermietungsfirmen sind in Südschweden vertreten. Die Buchung kann entweder vor der Abreise online auf der jeweiligen Homepage oder direkt vor Ort in Schweden erfolgen. Die Büros der Autovermieter befinden sich an Flughäfen und Bahnhöfen sowie in oder rund um die meisten Städte. Auch viele Tankstellen bieten Mietautos an. Die Preise sind oft etwas höher, die Bedingungen aber flexibel, und in ländlichen Gebieten gibt es manchmal keine Alternativen. Allerdings verlangen manche Tankstellen eine schwedische Meldeadresse, dies sollte man vorher abklären. Die meisten Autovermieter machen zur Bedingung, dass die Fahrer mindestens 21 Jahre alt sind. In manchen Fällen befinden sich die Abgabestationen in öffentlichen Parkgaragen und haben nur einen kleinen Schalter am Eingang für die Schlüsselübergabe.

Bei der Rückgabe des Autos außerhalb der Öffnungszeiten wird gebeten, das Auto in der Nähe des Büros zu parken und den Schlüssel in eine Box zu werfen. Alle Autovermieter haben Kindersitze im Programm, oft gegen einen Aufpreis pro Tag (eine günstigere Alternative siehe S. 13).

Babysitter

In Südschweden gibt es vielerorts die Möglichkeit, einen erfahrenen „Kinderaufpasser" zu engagieren. Größere Ferienanlagen, Campingplätze und manche Hotels bieten einen Babysitterservice an, im Preis enthalten oder zu einem Aufpreis pro Stunde oder Tag (Preise variieren je nach Anlage). In den Großstädten Stockholm, Göteborg und Malmö findet man mehrere Unternehmen, bei denen ein Babysitter schnell gebucht werden kann, z. B. www.nanny.nu, www.nannies.se oder www.nannyakuten.se, der Letztgenannte bietet seinen Service in ganz Schweden an.

Bus, Bahn und Taxi

Alle südschwedischen Städte haben ein gut ausgebautes öffentliches Nahverkehrssystem. Neben meist modernen und umweltfreundlichen Bussen, die mit Ethanol, Rapsöl oder

Dank des Jedermannsrechts ist in Schweden wild campen mitten in der Natur erlaubt

Gas fahren, gibt es in Stockholm, Göteborg und Norrköping auch Straßenbahnen. In Stockholm findet man Schwedens einziges U-Bahnnetz. Mit Bus und Bahn kommt man generell deutlich schneller voran und der öffentliche Stadtverkehr ist für Familien mit Kindern gut ausgebaut.
Seit ein paar Jahren sind viele der öffentlichen Verkehrsbetriebe auf bargeldlose Bezahlung umgestiegen. Die Möglichkeit, vor Ort mit Karte zu zahlen, wird meist angeboten, oft zu deutlich höheren Preisen, als wenn man im Voraus ein Ticket kauft. Und: Tageskarten lohnen sich immer in Südschweden.
Manche Regionen wie beispielsweise Skåne haben ein gemeinsames System, wobei die Tickets und vorab gekauften Karten in verschiedenen Städten innerhalb der Region gültig sind.
Taxis sind in den Städten überall zu finden, die Preise sind höher als in vielen anderen europäischen Ländern. Es gibt keine Preisbindung, Festpreise sind üblich. Alle Preisangaben müssen deutlich am Fenster des Wagens angezeigt werden. Die meisten Taxis haben Kindersitze dabei. Wer einen benötigt, wird gebeten, dies bei der Buchung anzugeben.

Camping
Südschweden ist sehr beliebt bei Campern, einheimischen wie angereisten. Kein Wunder, denn Schweden ist nach Deutschland das zweitgünstigste Urlaubsziel für Camper in Europa. Der Durchschnittspreis liegt bei 28 Euro pro Nacht, inklusive aller Nebenkosten. Dabei sind die Standards oft sehr hoch: mit guten sanitären Einrichtungen und Kochgelegenheiten sowie Aktivitäten für die ganze Familie. Wer mit einem Caravan oder Wohnmobil anreist, kann sich beim schwedischen Campingverband SCR unter www.camping.se informieren. Über 500 Campingplätze werden dort beschrieben, Buchungen sind direkt auf der Homepage möglich.
Dank des Jedermannsrechts ist es in Südschweden möglich, wild in der Natur zu campen, und das nicht nur mit Zelt. Auch mit Caravan, Wohnmobil oder Pkw darf man auf gekennzeichneten Parkplätzen 24 Stunden

campen – am Wochenende sogar bis zum nächsten Werktag.

Diplomatische Vertretungen
Deutsche Botschaft
Artellerigatan 64, 114 45 Stockholm, Tel. 08 670 15 00

Österreichische Botschaft
Kommendörsgatan 35, 11458 Stockholm, Tel. 08 665 17 70

Schweizer Botschaft
Valhallavägen 64, 114 27 Stockholm, Tel. 06 8 676 79 00

Fahrradverleih
Viele Hotels bieten in begrenzter Anzahl Leihfahrräder kostenlos an. Während eines Stadturlaubs sind die örtlichen Fahrradläden eine gute Alternative, hier können oft Drahtesel angemietet werden.
In Stockholm (www.citybikes.se), Göteborg (www.goteborgbikes.se) und Malmö (www.malmobybike.se) gibt es gut ausgebaute Leihfahrradsysteme mit Tageskarten (um die 80 SEK pro Tag) oder Dreitageskarten (um die 165 SEK). Allerdings gibt es keine Kinderfahrräder. Campingplätze bieten in der Regel Fahrräder zu kleinen Tagespreisen an und in den meisten Orten, in denen im Sommer Touristen sind, findet man auch Fahrradverleihe. Kinder unter 15 Jahre müssen in Schweden einen Helm tragen.

Ferien
In ganz Schweden beginnen die Sommerferien Anfang bis Mitte Juni und enden erst gegen Anfang August. Viele Unternehmen machen im Juli Betriebsferien.
Die Schulen haben im Februar/März eine Woche Skiferien, zu Ostern eine Woche Osterferien und im Oktober eine Woche Herbstferien. Im Dezember/Januar gibt es etwa zwei Wochen Weihnachtsferien.

Fundbüro
Generell ist in Südschweden die örtliche Polizei für Fundsachen zuständig. Auf der Homepage www.hittegodssverige.se werden Fundsachen von verschiedenen Zuganbietern in Südschweden aufgelistet.

Leihfahrräder gibt es in allen Urlaubsorten

Geld
Schweden ist kein Euro-Land, deshalb gilt hier nach wie vor die Schwedische Krone (SEK). 100 SEK sind etwa 10,50 €. Eine Krone entspricht 100 Öre. Weitere Münzen: 1-, 2-, 5- und 10-Kronen-Stücke, Scheine zu 20, 50, 100, 200, 500 und 1.000 SEK. Kreditkarten werden in Schweden allgemein akzeptiert. Mit EC-Karte und Geheimzahl können Sie an Bankautomaten Geld abheben, als Zahlungsmittel wird die EC-Karte aber nicht akzeptiert.

Kinder-Ferienprogramme
Während der Schulferien (auf Schwedisch Sommarlov) zwischen Anfang Juni und Anfang August werden in ganz Südschweden – in den Städten wie auf dem Land – viele Aktivitäten für Kinder angeboten. Das Ziel ist, dass jedes Kind, ob arm oder reich, Zugang zu Ferienerlebnissen haben soll. In den Städten wird oft Kindertheater in den Parks aufgeführt und an größeren Stränden bietet meist die jeweilige Stadt Aktivitäten wie Schwimmkurse, Segeln, Fußball und vieles mehr an. In den Museen finden Sonderausstellungen für Kinder und Jugendliche statt.

Klima und Reisezeit
Das Klima in Südschweden unterscheidet sich nicht wesentlich von dem Mitteleuropas. Dank des Golfstroms hat Südschweden trotz seiner nördlichen Lage ein gemäßigtes Klima. Die beste Reisezeit ist der Sommer, dann sind die Tage extrem lang. Auf der Höhe von Stockholm bedeutet dies: Erst gegen 23 Uhr beginnt es zu dämmern und ab 1 Uhr wird es schon wieder hell. Der Sommer kann heiß werden. Grundsätzlich müssen Sie aber auch mit kühlem und regnerischem Wetter rechnen. Erfahrungsgemäß regnet es an der Westküste häufiger als im Osten des Landes. Viele Attraktionen, Restaurants u. a. schließen schon Ende August/Anfang September ihre Pforten.

Klimatabelle Malmö

	Jan	Feb	März	Apr	Mai	Juni	Juli	Aug	Sep	Okt	Nov	Dez
Wassertemperaturen in °C	3	2	3	5	9	14	16	16	14	12	8	5
Lufttemperaturen	2	2	5	10	16	20	21	21	17	13	7	4
Sonnenschein (in Std.) tägl.	1	2	4	6	9	9	8	7	6	3	1	1
Niederschlag (Tage/Monat)	12	9	10	9	8	8	9	8	9	10	11	11

Die beste Reisezeit ist der Sommer

Medien
Schwedens größte Tageszeitungen sind die liberale „Dagens Nyheter" und das sozialdemokratische Boulevardblatt „Aftonbladet". Deutsche Zeitungen wie „Bild", „Süddeutsche „Zeitung", „Der Spiegel" und „Die Zeit" sind in Bahnhöfen in den größeren Städten zu finden. Hotels haben oft ein oder mehrere deutsche Fernsehsender in ihrem Programm.

Medizinische Versorgung
Die medizinische Versorgung in Südschweden entspricht deutschen Standards. Alle Inhaber einer europäischen Krankenversicherungskarte haben das Recht auf die gleichen Behandlungen zu gleichen Bedingungen wie die Einheimischen. Behandlungen sind für Personen unter 21 Jahre kostenlos, danach wird eine Praxisgebühr von 100-300 SEK je nach Behandlung und Region gefordert. Der Rest wird mit der jeweiligen Krankenkasse abgerechnet.
Bei akuten Unfällen wählt man die 112. Bei kleineren Unfällen kann man unter der Hotline 11 77 oder auf der Homepage www.1177.se (auf Schwedisch und Englisch) kostenlos Beratung bekommen sowie Auskunft, an wen man sich wenden soll. Auch die Rufnummer des Giftnotrufs sollten Eltern im Ausland dabeihaben: +49 30 192 40 (Berliner Charité). Notaufnahme heißt „Akutmottagning", und Krankenhaus wird „Sjukhus" oder „Lasarett genannt. Auf dem Land gibt es manchmal nur kleinere Krankenhäuser, die „Vårdcentral" heißen. Medikamente werden in Apotheken und oft nur gegen Rezept verkauft. Lange gehörten die Apotheken zu einem staatlichen Monopol, die Dichte ist nicht mit Deutschland zu vergleichen. Es gibt keine Impfempfehlungen für Südschweden, Krankheitsfälle mit von Zecken übertragener FSME sind selten, kommen aber an der Südostküste vor.

Notruf
112 lautet der Notruf für Feuerwehr, Polizei und Rettungsdienst. Unter der Nummer 114 14 erreicht man die Polizei (nicht für Notfälle).
Bei einem Autounfall sollte man das Larmtjänst unter 08 522 784 00 anrufen, um von dort weitergeleitet zu werden. ADAC-Mitglieder können sich an den schwedischen Partnerclub Motormännen unter der Telefonnummer 08 690 38 00 wenden.

Öffnungszeiten
Die Öffnungszeiten in Schweden sind im Vergleich zu Deutschland

deutlich großzügiger. In den letzten Jahren hat sich vor allem Stockholm zu einer Stadt entwickelt, in der man fast rund um die Uhr einkaufen kann. Vor allem Supermärkte in den Städten haben oft von frühmorgens (7 oder 8 Uhr) bis spätabends (zwischen 21 und 24 Uhr) geöffnet. Supermärkte und Einkaufszentren sind meist auch an Sonn- und Feiertagen geöffnet.
In kleineren Läden und in ländlichen Regionen sieht es anders aus. Wer z. B. einen Urlaub in den Schären verbringt, muss seinen Einkauf nach den Öffnungszeiten des vielleicht einzigen kleinen Supermarkts in der Gegend planen. Dasselbe gilt für die staatlichen Alkoholläden Systembolaget, die von montags bis freitags von 10 bis 18 oder 19 Uhr und am Samstag von 10 bis 15 Uhr geöffnet haben.
Restaurants machen manchmal nach der Mittagspause zu, um am frühen Abend wieder zu öffnen.
Außerhalb der Großstädte und zum Teil sogar in Stockholm ist es nicht ungewöhnlich, dass Restaurants am Sonntag geschlossen sind.

Post
Briefmarken (Frimärken) gibt es bei Postämtern (Postkontor), geöffnet montags bis freitags 9 bis 18 Uhr, samstags 9 bis 13 Uhr. Viele Postschalter sind in Supermärkten oder Tankstellen untergebracht. Briefe und Postkarten innerhalb Europas kosten 19,50 SEK Porto. Briefmarken gibt es auch am Zeitungskiosk (Pressbyrån).

Rauchen
Seit 2005 gilt in Schweden ein allgemeines Rauchverbot in Restaurants und öffentlichen Gebäuden sowie in der Bahn. Auf Bahnhöfen ist Rauchen nur auf gekennzeichneten Plätzen erlaubt. Die meisten Hotelzimmer sind rauchfrei.

Sprache
Schwedisch ist eine nordgermanische Sprache und hat viel Ähnlichkeit mit dem Deutschen. Beim Lesen von Schildern und Speisekarten kommen einem viele Wörter bekannt vor. Beim Hören ist es schwieriger, da die Aussprache nicht immer die gleiche ist. So wird das O auf Schwedisch wie das deutsche U ausgesprochen. Ein U klingt wie das deutsche Ü. Dazu gibt es im Schwedischen den Buchstaben Å, der wie das deutsche O klingt. Am schwierigsten sind die verschiedenen Sch-Geräusche, die mit G, Sj, Sk oder Skj geschrieben werden.

Stockholm bietet fast 24/7 Shoppingvergnügen

Kleiner Sprachführer

Ja/Nein – Ja/Nej
Danke/Bitte – Tack/Varsågod
Vielen Dank – Tack så mycket
Entschuldigung – Ursäkta
Hallo – Hej
Auf Wiedersehen – Hej då, adjö
Guten Morgen – God morgon
Guten Tag – God dag, hej
Guten Abend – God kväll
Gute Nacht – God natt
Wie geht's? – Hur står det till?/ Hur är läget?
Danke, gut – Bara bra, tack
Ich verstehe nicht – Jag förstår inte
Sprechen Sie Deutsch? – Pratar du tyska?
Ich verstehe nur ein bisschen Schwedisch – Jag förstår bara lite svenska
Ich heiße ... – Jag heter ...
Wie heißt du? – Vad heter du?
Ich komme aus Deutschland – Jag kommer ifrån Tyskland (Österreich – Österrike/Schweiz – Schweiz/Schweden – Sverige)
Englisch – Engelska
Kinderwagen – Barnvagn
Buggy – Sulky
Fahrrad – Cykel
Auto/Mietwagen – Bil/Hyrbil
Autowerkstatt – Bilverkstad
Hotelzimmer – Hotellrum
Frei (Hotelzimmer/Parkplatz/ usw.) – Ledigt
Geldautomat – Bankomat
Polizei – Polis
Feuerwehr – Brandkår
Krankenhaus – Sjukhus/Lasarett

Strom

Die Stromspannung beträgt wie in Deutschland 220 Volt Wechselstrom, ein Adapter ist nicht erforderlich.

Telefon und Internet

Die Vorwahl für Schweden ist +46. Dazu hat jede Stadt eine eigene Vorwahl mit drei oder vier Ziffern (außer Stockholm mit der 08). Beim Anruf aus dem Ausland muss die erste Null der Stadtvorwahl weggelassen werden. Nummern, die mit 020 anfangen, sind in der Regel kostenlos. Festnetznummern werden seltener, da viele nur ein Mobiltelefon besitzen, bei dem die Vorwahl meist mit 07 anfängt. Auch Telefonzellen sind eine Seltenheit. WLAN ist in fast allen Cafés, Restaurants, Bars sowie in vielen Läden, Bussen und Zügen kostenlos nutzbar.

Tiere

Wenn Sie Haustiere nach Schweden mitnehmen möchten, informieren Sie sich über die aktuellen Bestimmungen beim Amt für Landwirtschaft: Statens Jordbruksverk, www.jordbruksverket.se, Tel. +46 771 22 32 23.
In vielen Hotels und Jugendherbergen sind Tiere nicht erwünscht, auf den meisten Campingplätzen gibt es keine Einschränkungen. Generell gilt: Hunde müssen an die Leine.

Trinkgeld

Service ist in schwedischen Cafés und Restaurants prinzipiell immer im Preis inbegriffen. Doch beim Essen im Restaurant freut sich die Bedienung über ein Trinkgeld (Dricks). Mehr als 10 Prozent der Rechnung sollten es allerdings nicht sein.

Unterkünfte

SIGGESTA GÅRD

Siggesta Gård, 139 90 Värmdö, Tel. +46 8 56 28 01 00, www.siggestagard.se. Familienzimmer 2.500 SEK pro Nacht.

Siggesta Gård auf der Insel Värmdö ist nur 40 Minuten vom Stockholmer Zentrum entfernt, aber eine ländliche Idylle, wie man sie sich in Südschweden vorstellt. Der als Tagesausflugsziel beliebte Hof (S. 82) bietet auch Familienpakete mit Übernachtungen an. Nahe dem Hof gibt es neben guten Wandermöglichkeiten viele Tiere zum Streicheln, Ponyreiten und tolle Naturspielplätze im Wald. Während der Schulferien wird ein „Miniurlaub“ angeboten, bei dem man bei der Buchung von drei Übernachtungen nur für zwei zahlen muss.

SCANDIC

Infos und Buchungen unter www.scandichotels.de.

Die Hotelkette Scandic ist überall in Südschweden vertreten. Lange war sie als Autobahnhotel für Geschäftsreisende bekannt, hat sich aber in den letzten zehn Jahren zu einer preiswerten, modernen und vor allem kinderfreundlichen Hotelkette in Südschwedens entwickelt. 21 Hotels werden als extra kinderfreundlich bezeichnet und haben immer gute Angebote für Familien. Kinder bis 13 Jahre wohnen kostenlos im Zimmer der Eltern und können gratis vom Frühstückbuffet essen. Wenn ein Familienzimmer nicht mehr ausreichend ist, kann man ein „Jugendzimmer“, also ein angrenzendes Zimmer für seine etwas älteren Kinder, zu einem vergünstigten Preis dazubuchen.

„Pakete“ aller Art

In Südschweden sind die sogenannten Weekend-Pakete weitverbreitet und eine beliebte Urlaubsform. In den Paketen sind normalerweise eine bis drei Übernachtungen sowie Abendessen und Aktivitäten inbegriffen – zu einem vergünstigten Preis. Neben Spa-Paketen, romantischen Paketen, Sport und vielem mehr haben viele Hotels Familienpakete im Programm, bei denen Aktivitäten für die Kleinen, der Eintritt im nahe gelegenen Vergnügungspark oder Ähnliches im Preis inbegriffen sind. Außerdem bieten viele Unterkünfte drei Nächte zum Preis von zweien während der Wochenenden und in den Schulferien an.

ELCHHOTEL WRÅGÅRDEN

Wrågården Friggeråker, 521 96 Falköping, Tel. +46 515 310 14, www.wragarden.se. Ab 2.495 SEK pro „Elchhaus“ und Übernachtung.

Elche gehören zu einem Urlaub in Schweden dazu. Auf dem Hof Wrågården in Westschweden können wahre Elchfans nicht nur umgeben von Elchen, sondern sogar in einem Elch übernachten. Oder zumindest in einer Hütte, geformt wie der König des Waldes. Der Hof, der seit fünf Generationen der Familie Alexandersson gehört, liegt unweit der kleinen Stadt Falköping, die für ihre Käseproduktion in ganz Südschweden bekannt ist. Mitten in einem Wildgehege mit 20 Elchen stehen die beiden Hütten, die mithilfe des bekannten Motorsägenkünstlers Sören Niklasson geschaffen wurden. Drinnen gibt es fünf Schlafplätze, WC und Dusche befinden sich gleich nebenan. Am Morgen wird ein gefüllter Frühstückskorb vor die Tür gestellt. Auf der Terrasse vor der Hütte kann man grillen und – noch besser – die Elche angucken und manchmal sogar füttern.

HOTEL LISEBERG HEDEN

Sten Sturegatan 1, 411 39 Göteborg, Tel. +46 31 750 69 00, www.liseberg.se/hotell/heden. Familienzimmer ab 1.900 SEK pro Nacht.

Mitten in Göteborg befindet sich diese Unterkunft, die sich „das einzige Hotel mit eigenem Vergnügungspark" nennt. Das Hotel gehört zwar zum Liseberg, dem größten Vergnügungspark Skandinaviens und Ausflugsziel für viele Familien, die nach Göteborg reisen, befindet sich aber einen zehnminütigen Spaziergang von den Fahrgeschäften entfernt. Man hat also keine Achterbahn direkt vor dem Fenster, dafür eine gute zentrale Lage, Räumlichkeiten und Zimmer, die für Familien mit Kindern eingerichtet sind, und große Spielzimmer in der Lobby. Kinder bis zu vier Jahre wohnen umsonst.

CLARION HOTEL STOCKHOLM

Ringvägen 98, 104 60 Stockholm, Tel. +46 8 462 10 00, www.nordicchoicehotels.se/clarion/clarion-hotel-stockholm. Familienpaket mit Familienzimmer 1.490 SEK pro Nacht.

Das „Clarion Hotel" am südlichen Ende des Szeneviertels Södermalm bietet geräumige Familienzimmer. Alle Kinder bekommen bei der Ankunft eine Tüte mit einem Bastelbuch, Stiften und einer Rabattkarte für Junibacken (siehe S. 78). Genau nebenan findet man Eriksdalsbadet, eines der größten Badehäuser Stockholms mit Abenteuerbad und Außenpool (nur im Sommer geöffnet). Nur einen kleinen Spaziergang entfernt liegt der Park Blecktornsparken mit Grünflächen und einem Spielplatz mit Kletterwänden, Rutschen und Trampolinen.

Tierische Mitbewohner im Elchhotel

BO PÅ LANTGÅRD

www.bopalantgard.se und www.bopalantgardskane.se.

Viele träumen von einem richtigen Astrid-Lindgren-Urlaub in Südschweden. Dazu gehört das Leben mitten in der Natur. Mit so wenigen Einwohnern auf einer so großen Fläche gibt es in

Gut zu wissen

Ferien auf dem Bauernhof

Außerhalb der schönen Stadt Örebro liegt Gustavsvik, das größte Abenteuerbad Südschwedens. Der angeschlossene Fünf-Sterne-Campingplatz gehört zu den besten Europas. Neben fast 700 Stellplätzen gibt es hier 40 Ferienhäuser: meist modern ausgerüstet, mit zwei Schlafzimmern, Küche und Terrasse. Neben Badespaß auf der längsten Wasserrutsche Südschwedens und dem Dschungelbad „Lost City" findet man mehrere große Spielplätze, einen hübsch gebauten Minigolfplatz und Disco am Abend. Noch dazu gibt's gratis WLAN auf dem ganzen Gelände und ein Zentrum mit Restaurants und kleineren Geschäften.

Südschweden eine riesige Auswahl an Bauernhöfen, die auch Unterkünfte anbieten. Um einen passenden Hof zu finden, lohnt die Homepage www.bopalantgard.se (Informationen auch auf Deutsch). Hier sind 250 Bauernhöfe aufgelistet und nicht nur nach Region kategorisiert, sondern auch nach Standard, Aktivitäten, verschiedenen Tieren und vielem mehr. Wer nur in die südlichste Provinz Skåne reist, kann auf der Unterseite www.bopalantgardskane.se schauen. Buchungen oder Buchungsanfragen direkt auf der Homepage möglich.

GUSTAVSVIK CAMPING BEI ÖREBRO

Sommarrovägen 1, 702 25 Örebro, Tel. +46 19 19 69 00, www.gustavsvik.se. Ende April-Anfang November, Mitte Juni-Mitte Aug Rezeption tägl. 7-23 Uhr. Stellplätze ab 230 SEK/Nacht, Ferienhäuser ab 700 SEK/Nacht.

THE MORE HOTEL, MALMÖ

Norra Skolgatan 24, 214 22 Malmö, Tel. +46 40 655 10 00, www.themorehotel.com. Studio ab 1.300 SEK pro Nacht.

In einer ehemaligen Schokoladenfabrik, in der früher die Firma Mazetti Leckereien hergestellt hat, befindet sich jetzt „The More Hotel" und bietet eine gute Alternative für jene, die Malmö besuchen und „mittendrin" wohnen wollen. Für Familien eignen sich die größeren Zimmer mit einer kleinen Küche. Der Folkets Park mit Zoo, Spielplätzen und Fahrgeschäften ist zu Fuß zu erreichen, ebenso die Innenstadt mit all ihren Geschäften und Restaurants.

STF – JUGENDHERBERGEN

www.svenskaturistforeningen.se (Schwedisch und Englisch).

Saltkråkan

Nichts hat das Bild von einem Sommer in den Schären so geprägt wie Astrid Lindgrens „Ferien auf Saltkrokan“: der unpraktische Melcher, seine Kinder Pelle, Johan, Niklas und die junge Malin sowie ihr Verehrer Björn. Und natürlich Tjorven und der Bernhardinerhund Bootsmann. Zusammen erleben sie große und kleine Abenteuer auf einer wunderschönen Insel. Die gute Nachricht: Die Insel gibt es wirklich. Zwar wurde die Fernsehserie auf verschiedenen Inseln gedreht, Hauptschauplatz und Standort des roten Holzhauses ist aber auf der Insel Norröra in den nördlichen Schären. Eine passende Wahl, denn die Bücher hat Astrid Lindgren während ihrer Sommerferien auf der nahe gelegenen Insel Furusund geschrieben. Die Insel ist, wie in den Fernsehfilmen, ein wahres Kinderparadies mit guten Bademöglichkeiten und spannender Natur. Norröra ist zu jeder Jahreszeit mit täglichen Fahrten mit Waxholmsbolaget von Nybrokajen (vor dem „Grand Hotel“) in der Stockholmer Innenstadt zu erreichen. Preise und Abfahrten variieren je nach Saison, Informationen und Fahrpläne unter www.waxholmsbolaget.se. Im Juli und August fährt auch ein altes Dampfschiff von Furusund nach Norröra.

Die südschwedischen Jugendherbergen, auf Schwedisch Vandrarhem genannt, die im Verband Svenska Turistföreningen (STF) zusammengefasst sind, ähneln Hotels oder gemütlichen Höfen auf dem Lande. Mit über 300 Jugendherbergen unter einer Dachorganisation ist für jeden etwas dabei. Es gibt zwar nicht immer ein eigenes Badezimmer, aber statt Schlafsälen stehen meist geräumige und moderne Familienzimmer zur Verfügung. Da fast alle Jugendherbergen neben einem Frühstücksangebot auch eine Selbstverpflegungsküche haben, sind sie eine preisgünstige Alternative zum Hotelzimmer in der Stadt.

SANDHAMN SEGLARHOTEL

Sandhamn 378, 130 39 Sandhamn, Tel. +46 8 57 45 04 00, www.sandhamn.se. Familienpaket ab 1.295 SEK pro Erw. und Nacht + 750 SEK pro Kind.

Wer nach der schönsten Insel in den Stockholmer Schären fragt, bekommt unterschiedliche Antworten. Sicher ist, dass die Insel Sandhamn weit draußen in der Ostsee eine der beliebtesten ist. Das Wirtshaus, dessen Geschichte bis ins 17. Jahrhundert zurückreicht, beweist, dass Sandhamn schon lange eine Urlaubsinsel ist. Das gilt vor allem für Familien mit Kindern, die auf Sandhamn einen authentischen und trotzdem bequemen Schärenurlaub voller Natur und Badevergnügen verbringen können. Das „Sandhamn Seglarhotel“ bietet Familienpakete an, bei denen Kinder schon bei der Ankunft in den „Piratenclub“ eintreten können. Neben den Innen- und Außenpools und einem Spielplatz nebenan gibt es einen Spielraum.

Einkaufen & Mitbringsel

Designprodukte aus Südschweden haben Weltruf und eignen sich gut als Geschenk oder Erinnerung an die Reise. Von klassischen Produkten wie Glas aus dem Glasreich oder Keramik bis zu Klamotten – in Südschweden findet man alles in höchster Qualität. Die Schweden mögen ihr einheimisches Design, und auch in kleineren Städten sind Geschäfte zu finden, die Svenskt Hantverk (schwedisches Handwerk) im Sortiment haben. Bei der Kette Hemslöjden (www.hemslojden.org), die in jeder etwas größeren Stadt zu finden ist, werden traditionelle Produkte verkauft.

Designland Südschweden

In Südschweden legt man großen Wert auf schöne Alltagsgegenstände. Die Küchen und Wohnzimmer sehen nicht selten aus wie in einem Einrichtungsmagazin. Während eines Spaziergangs durch die Stadt stolpert man immer wieder über große und kleine Läden voller Design. Die Klassiker aus dem letzten Jahrhundert sind nicht gerade günstig, aber dank der großen Auswahl finden auch Familien mit kleiner Reisekasse sicher etwas für zu Hause.

Essen

Lebensmittel sind oft schwierig zu transportieren. Nur wer eine Kühlbox dabeihat, kann etwas von den vielen leckeren Milchprodukten, die man in Südschweden bekommt, mitnehmen. Wenn die Möglichkeit besteht, sollte man unbedingt verschiedene Varianten der leicht säuerlichen Dickmilch Fil sowie von dem Hartkäse Västerbottensost, einem gelagerten und bröseligen Käse, der an Parmesan erinnert, einpacken. Einfacher ist es, etwas von der enormen Auswahl der südschwedischen Süßigkeiten wie Schokolade oder Lakritze mitzunehmen. Vor allem das Angebot an Lakritze (oder Schokolade mit Lakritze) ist viel größer als in Deutschland. Wenn „Saltlakrits" auf der Packung steht, kann man damit rechnen, dass eine ordentliche Menge an Salz dabei ist – ein eventuell gewöhnungsbedürftiges Geschmackserlebnis.

Die in Deutschland fast unbekannte Moltebeerenmarmelade, auf Schwedisch Hjortronsylt, ist eine Delikatesse, die man unbedingt probieren sollte. Getrocknetes Elchfleisch ist immer ein beliebtes Geschenk, ebenso wie

Süße Mitbringsel

Designobjekte von Svenskt Tenn

man mit der weitverbreiteten Elchsalami punkten kann. In Elchparks gibt es weitere Souvenirs zum Thema Elch zu kaufen, sogar Elchkot.
Und auch wer nicht so gern Knäckebrot isst, kann trotzdem ein paar Pakete als Geschenk mitbringen, da allein die Verpackungen zum Teil wahre Kunstwerke sind.

Mode/Design

Neben dem Weltkonzern Ikea sind in den Städten mehrere lokale Einrichtungsketten wie Granit, Designtorget, Ordning & Reda, Cervera und Lagerhaus zu finden, wo man skandinavisches Design und Praktisches zu oft günstigen Preisen kaufen kann.
Etwas teurer, dafür sehr schön sind die Einrichtungsprodukte von Svenskt Tenn *[Strandvägen 5, 114 51 Stockholm, Tel. +46 8 670 16 00, www.svenskttenn.se. Mo-Fr 10-18, Sa 10-18, So 11-18 Uhr]*. In der Boutique mit der besten Adresse in Stockholm findet man Möbel, Kerzenhalter, Taschen, Textilien und vieles mehr mit Mustern aus der Mitte des letzten Jahrhunderts, die immer noch genauso modern sind wie damals.
Auf den vielen Flohmärkten, die im Sommer überall im Land zu finden sind (den Schildern „Loppis“ folgen), kann man mit ein bisschen Glück skandinavische Möbel aus den 50ern und 60ern zu wahren Schnäppchenpreisen finden. Wer wenig Platz im Koffer hat, aber trotzdem ein Stück südschwedisches Design mitnehmen will, sollte die vielen schönen Textilien im Blick haben. Manche Muster sind über hundert Jahre alt, aber immer noch beliebt.
Ein Klassiker ist das Dalapferd, ein Holzpferd, das per Hand bemalt wird. Ursprünglich aus der Region Dalarna, sind die traditionell roten Holztiere zum Nationalsymbol Schwedens geworden. Häufig werden die Pferde nur als Dekoration aufgestellt, Kinder spielen aber gern damit.
Spielzeuge aus Holz haben eine lange Tradition im waldreichen Schweden. Am bekanntesten ist der südschwedische Hersteller Brio aus Skåne, der seit über hundert Jahren Züge, Autos und vieles mehr aus Holz und mit leuchtenden Farben produziert. In Südschweden werden Brio-Produkte auch in großen Supermärkten verkauft, oft zu etwas günstigeren Preisen als in Deutschland.
Ein kleines, aber praktisches und typisch südschwedisches Mitbringsel für die Küche ist der Käsehobel, ein flaches Metallstück mit einem eingebauten Messer und Loch, womit Hartkäse in perfekte Scheiben geschnitten wird.

Feierlichkeiten in Stockholm zum Nationalfeiertag am 6. Juni

Festkalender

Die Schweden haben keinen überhöhten Nationalstolz und lachen gern über sich und ihre Bräuche. Aber wenn etwas gefeiert wird, egal ob privat wie der eigene Geburtstag oder etwas Öffentliches wie das Mittsommerfest, wird das ganze Land mit blau-gelben Fahnen geschmückt. Wenn an jedem Fahnenmast eine Fahne weht, heißt es, dass es heute etwas zu feiern gibt.
Wenn die Schweden im Sommer in den Urlaubsmodus schalten, fängt auch die Festivalsaison an. Fast jeder Ort hat sein eigenes Stadtfest, das im Juli oder August mit Livemusik, Fressbuden und Kindertheater gefeiert wird. Generell sind alle Veranstaltungen kostenlos und bieten ein breites Programm für die ganze Familie. Kinderflohmärkte und Bummeln tagsüber, Musik und Tanz am Abend: Malmöfestivalen in Malmö (Mitte August), HX in Helsingborg (Anfang August) und Kulturkalaset in Göteborg (Mitte August) gehören zu den größten in Südschweden. Auch kleinere Städte wie Kalmar (Anfang August), Landskrona (Ende Juli) und Eksjö (Ende August) laden zum Feiern ein.

April/Mai
Am 30. April wird nicht nur die Walpurgisnacht mit großen Feuern und Gesang gefeiert, sondern auch der Geburtstag von König Carl XVI. Gustaf. Mit Wachablösung, Kanonenschüssen und Tausenden von Besuchern mit blau-gelben Fahnen wird der König auf dem Schlossplatz in der Stockholmer Altstadt gefeiert.
Zu Ostern versammeln sich Kunstliebhaber aus ganz Südschweden bei der Konstrundan in Skåne. Die südlichste Provinz Schwedens ist wegen ihrer offenen Landschaft und dem besonderen Licht schon immer bei Künstlern beliebt. Seit Ende der

Allgemeine Bräuche

In Schweden, wo die Entfernungen zwischen den Regionen und Städten weitaus größer sind als in Deutschland, findet man natürlich regionale Unterschiede bei den Bräuchen und Traditionen. Skåne zum Beispiel pflegt gern seine Eigenarten. Die Provinz hat schließlich länger zu Dänemark gehört als zu Schweden. Generell werden im ganzen Land die gleichen Feste mit gleichem Essen und gleichen Bräuchen gefeiert. Und dabei erwarten die Schweden, dass bestimmte Gerichte z. B. zu Midsommar und zu Weihnachten auf dem Tisch stehen.

60er-Jahre öffnen die vielen dort lebenden Künstler über die Ostertage die Türen zu ihren Ateliers.
Am ersten Wochenende im Mai findet die nordische Meisterschaft im Austernöffnen im westschwedischen Grebbestad statt. Die Kontrahenten müssen 30 Austern schnell und perfekt öffnen – eine ungewöhnliche und lustige Meisterschaft.

Juni
Der erste richtige Sommermonat ist voller Feste. Am 6. Juni wird der schwedische Nationalfeiertag begangen. In diesem Monat sind die Straßen auch von feiernden Abiturienten in weißen Kleidern und Anzügen sowie mit dem charakteristischen weißen Studentenhut gefüllt.

Am Freitag zwischen dem 19. und 25. Juni findet die Midsommar-Feier statt, das wohl größte und für viele Schweden wichtigste Fest des Jahres. In Parks und auf Wiesen werden Mittsommerstangen, die dem Maibaum sehr ähneln, aufgestellt, und Jung und Alt tanzen zusammen. Danach wird gegessen, getrunken und gesungen, bis die Sonne wieder aufgeht.

Juli
Mitte Juli findet jedes Jahr in Göteborg das Jugendfußballturnier Gothia Cup statt, eins der größten der Welt mit über 30.000 Spielern aus mehr als 70 Ländern.
In der dritten Woche im Juli kommen bis zu 100.000 Besucher nach Kivik an der Ostküste von Skåne für die Markttage Kiviks Marknad. Der größ-

Schwedische Feiertage

1. Januar: Neujahr
6. Januar: Heilige Drei Könige
Karfreitag
Ostersonntag, Ostermontag
1. Mai: Tag der Arbeit
Christi Himmelfahrt
Pfingstsonntag
6. Juni: Nationalfeiertag
Freitag zwischen 19. und 25. Juni: Mittsommerabend
Samstag nach Mittsommerabend: Mittsommertag
Allerheiligen
24. Dezember: Heiligabend
25./26. Dezember: Weihnachten
31. Dezember: Silvester

te Markt Südschwedens soll schon während der Hansezeit stattgefunden haben. Neben Tausenden Verkäufern gibt es viele Fahrgeschäfte, Musik und Theater.
Nach Västerås, eine Stunde westlich von Stockholm, kommen in der ersten Juliwoche bis zu 20.000 amerikanische Oldtimer zum Power Big Meet, dem größten Autotreffen der Welt.
Auf Gotland findet Anfang des Monats die „Gotländische Olympiade“ Stångaspelen statt – mit Wettkämpfen in uralten Sportarten.

August
Im August ist es mit den langen hellen Sommernächten vorbei. Die Wärme bleibt, überall in Südschweden treffen sich Menschen, um Flusskrebse zu essen. Das Ganze heißt Kräftskiva. Auf dem großen Platz Stortorget in Malmö wird alljährlich zum größten Kräftskiva der Welt eingeladen.

September
Am letzten Wochenende im September erhält die kleine südschwedische Stadt Kivik wieder viel Aufmerksamkeit beim Kiviks Äppelmarknad – dem größten Apfelfest Schwedens. Hauptattraktion ist ein riesiges Kunstwerk, das aus mehr als 30.000 Äpfeln gebaut wird – Ertrag der vielen Apfelbäume der Gegend. Dazu gibt's Lukullisches rund um den Apfel.

Im Dezember: Lichterkönigin Lucia

Tomtar und Weihnachtsmann

Der Weihnachtsmann heißt auf Schwedisch Jultomte. Tomte ist ein Wichtel, der zusammen mit den Menschen im Haus wohnt und sich um sie kümmert. Falls er schlecht gelaunt ist, kann er aber auch Unfug machen. Daher ist es wichtig, ihn bei Laune zu halten. Zu Weihnachten stellen Kinder einen Teller Haferbrei vor die Haustür, damit der Tomte auch was zu essen bekommt.

Oktober/Dezember
Es gibt auch Festtage, an denen es nur um ein bestimmtes Gericht geht. So findet etwa am 4. Oktober der Tag der Kanelbulle (Zimtschnecke oder -rolle) statt.
Am 13. Dezember erscheint die Lichterkönigin Lucia mit Kerzen im Haar, um Licht in die dunkle Jahreszeit zu bringen. Lillejulafton, der „kleine“ Weihnachtsabend am 23. Dezember, dient in Skåne der Vorbereitung auf den großen Tag. Der schwedische Weihnachtsmann bringt die Geschenke am 24. Dezember.

Flora & Fauna

Ein Ergebnis der Eiszeit: die Schären

In Südschweden gibt es zwar deutlich mehr unberührte Natur als in Deutschland, die Tierwelt unterscheidet sich aber kaum. Der Unterschied liegt eher in der größeren Menge an Wildtieren. Kleinere Tiere wie Fuchs, Hase und Biber sind häufig anzutreffen, ebenso das etwas größere Rotwild und Rehe. Das größte und natürlich berühmteste Tier Südschwedens ist der Elch – der „König des Waldes". Er versteckt sich gern im Wald, nur manchmal erhascht man einen Blick auf eins der Tiere auf offenem Feld. Achtung, Autofahrer: Jedes Jahr passieren um die 5.000 Unfälle mit Elchen. Immerhin deutlich weniger als die über 30.000 Unfälle mit Rehen. An vielen Straßen sind Wildzäune aufgestellt. Die Elchschilder am Straßenrand sind keine Schwedenwerbung, sondern sollten ernst genommen werden, vor allem in der Dämmerung. Dank der vielen Zugvögel, die hier brüten, bietet Südschweden eine große Vielfalt an Vogelarten. Jedes Jahr im April sammeln sich Vogelliebhaber aus dem ganzen Land am See Hornborgasjön (bei Skara, 140 Kilometer östlich von Göteborg), um die bis zu 20.000 Kraniche zu beobachten, die dort brüten. Auch die Insel Öland ist ein wichtiger Rastplatz für über 300 Arten von Zugvögeln, ein Hotspot für Vogelbeobachter. Ganz im Süden sind die für die Provinz Skåne typischen Gänse häufig zu sehen. In Falsterbo gibt es sogar Gänse-Zebrastreifen.

Die 25 schwedischen „Landschaften"

Das deutsche Wort „Landschaft" ist auf Schwedisch sehr ähnlich, nämlich „Landskap". Allerdings bedeutet es nicht nur das, was man quasi gerade vor sich sieht, sondern auch die 25 Landskap, in die das Land eingeteilt ist – ähnlich wie die deutschen Bundesländer. Beispiele sind die Provinzen Skåne und Småland. Manche Landskap ist deutlich älter als das Land Schweden.

In der Eiszeit geformt

Die südschwedische Landschaft wurde stark von der letzten Eiszeit vor 10.000 Jahren geprägt. Damals lag die ganze skandinavische Halbinsel unter einer mehrere Tausend Meter dicken Eisschicht. Im Eis wurden enorme Mengen Wasser gebunden – der Meeresspiegel war damals mehrere Hundert Meter niedriger als heute. Als das Eis sich langsam nach Norden zurückzog, prägte es die Umgebung: Viele runde Steine und lang gestreckte Hügel, auf Schwedisch Åsar, sind fast überall Teil der Landschaft. Gleichzeitig wurden die Sedimentschichten weggehobelt, es entstand die felsige Landschaft, die wir heute vor allem mit den Schären verbinden. Die Abflüsse der Gletscher formten Täler und Rinnen, in denen Wasser geblieben ist – so sind auch die vielen Seen und Flüsse ein Relikt der Eiszeit. Immer noch steigt das Land aus dem Meer, an manchen Stellen mit bis zu neun Millimetern pro Jahr. So war z. B. der Mälaren, heute der drittgrößte See Schwedens, einst eine Bucht, die erst durch die Landhebung von der Ostsee getrennt wurde. Berge sucht man vergebens, die sanften Hügel sind selten mehr als 300 Meter hoch.

Mücken

Neben dem Elch ist vielleicht die Mücke das zweitbekannteste Tier Südschwedens. Die Berichte von extremen Mückenplagen kommen von Einzelfällen vor allem in Nordschweden, wo es in manchen Jahren tatsächlich zu enormen Mückenpopulationen kommt. In Südschweden sind Mücken normalerweise kein großes Problem, in Skåne und entlang der Küsten gibt es nur wenige. Trotzdem, Mückenschutz gehört in den Reisekoffer, vor allem wenn der Urlaub an einem See auf dem Land verbracht wird.

Wälder & Orchideen

Südschweden wird oft als Land der Waldseen beschrieben. Rund um die großen Seen Vänern, Vättern und Mälaren findet man vielerorts offene Ackerlandschaft. Ganz im Süden, in der Provinz Skåne, musste ein Großteil der Wälder schon vor Hunderten von Jahren Feldern weichen. Die Wälder dort bestehen hauptsächlich aus Laubbäumen wie Buche und Eiche. In der Region Västergötland findet man den nördlichsten Buchenwald der Welt. Auf Gotland und Öland gibt es aufgrund der klimatischen Verhältnisse eine vielfältige Flora: eine einzigartige Mischung von Pflanzen, die sonst in Europa nur im Balkanraum vorkommen. Die etwa 40 wild wachsenden Orchideenarten sind das besondere Highlight.

Flüsse und Felsen: Relikte aus der Eiszeit

Außer im tiefsten Süden bestehen die Wälder hauptsächlich aus Nadelbäumen wie Kiefern und Tannen. Schon im Norden von Skåne fängt die typische Waldlandschaft an. Das Inland von Småland wird oft als ein großer Wald gesehen.

1909 wurde in Schweden der erste Nationalpark Europas gegründet. Heute zählt man 29 im ganzen Land. Die Hälfte davon liegt in Südschweden und besteht zum Teil aus Meereslandschaften wie Kosterhavet an der Westküste.

Geschichte

Als die Eiszeit vor ca. 10.000 Jahren vorbei war und der dicke Eispanzer langsam wegschmolz, dauerte es nicht lange, bis die ersten Bewohner auf der skandinavischen Halbinsel ankamen. Es waren Jäger und Sammler, die den Wildtieren immer weiter Richtung Norden gefolgt waren. Dann entwickelte sich die Bronzezeitkultur und die Menschen fingen an, Ackerbau zu betreiben, begünstigt vom relativ milden Klima. Bei Tanum an der Westküste haben unbekannte Künstler in dieser Zeit beeindruckende Felsritzungen von Menschen und Tieren hinterlassen.

Wikinger & Christianisierung
Zwischen 800 und 1000 n. Chr. entstand die Kultur der Wikinger. Auch wenn sie gern als wilde Krieger dargestellt werden – zum Teil gingen sie in ganz Europa auf Raubzug –, waren die damaligen Einwohner vor allem Bauern und Kaufleute. Dank der flachen Schiffe konnten sie die Flüsse Europas befahren und Handel treiben. Die südschwedischen Wikinger sind vor allem gen Osten gereist – bis nach Konstantinopel. Schweden als Land war noch kein Begriff und wurde von verschiedenen, oft rivalisierenden Stammesfürsten regiert. Schon im 9. Jahrhundert kamen die ersten Missionare aus Norddeutschland, um die Wikinger zu christianisieren. Die Entwicklung ging aber langsam voran. Erst am Ende des 11. Jahrhunderts wurde der Tempel in Uppsala zerstört, der lange als Zentrum des heidnischen Glaubens galt.

Felsritzung aus der Bronzezeit bei Tanum

Wann genau Schweden entstand, ist bis heute unklar. Es gibt verschiedene Theorien und Geschichten. Der erste König, der über das Kernland von Götaland im Westen und Svealand im Osten regierte, war Olof Skötkonung (993–1022). Die südlichen Provinzen Skåne, Blekinge und Halland gehörten noch lange zur Dänemark. Dafür wurde aber Finnland schon früh kolonialisiert und war bis zum Krieg gegen Russland 1809 ein Teil Schwedens. So betrachtet erscheint auch die Lage Stockholms als Hauptstadt sinnvoll: 1252 gegründet, lag sie damals mitten im Reich. Um die gleiche Zeit entwickelten sich feste Strukturen und Gesetze sowie eine Machtordnung mit König, Kirche und Adel.

Mittelalter: Zeit der Hanse
Im Mittelalter spielte die norddeutsche Hanse eine wichtige Rolle im ganzen Ostseeraum. In Städten wie Stockholm, Kalmar und Visby wurde viel Plattdeutsch, die Lingua franca der Hanse, gesprochen, was bis heute die schwedische Sprache stark geprägt hat. Zwischen 1397 und 1521 waren Schweden und Dänemark in der so-

genannten Kalmarer Union vor allem unter dänischer Herrschaft vereinigt. Ein wichtiges Ziel war der Freihandel und man war bestrebt, mit der immer mächtiger werdenden Hanse zu konkurrieren. Allerdings schwelte stets der ewige Streit zwischen Schweden und Dänemark und es kam immer wieder zum Krieg.
Nach dem Stockholmer Blutbad 1520, in dem der dänische König Christian II. einen großen Teil des schwedischen Adels hinrichten ließ, wurde der Widerstand gegen die Dänen von Gustav Eriksson aus der Familie Vasa angeführt. Sein Kampf wird gern als Befreiungskrieg beschrieben und seine Krönung im Jahr 1523 als der Anfang des modernen Schweden. Sicher ist zumindest, dass sein Sieg über die Dänen das Ende der Kalmarer Union bedeutete und dass der Aufstieg Schwedens zur europäischen Großmacht begann.

Schweden wird protestantisch
1527 beschloss Gustav I. Vasa die Abkehr von der katholischen Kirche, Schweden wurde zur protestantischen Nation. Damit bekam er die Kontrolle über die Reichtümer der Kirche, große Mengen an Silber und Gold wurden beschlagnahmt, um die Schulden gegenüber der Hanse zu bezahlen.
Im Dreißigjährigen Krieg (1618–1648) betrat Schweden die Bühne der europäischen Politik. Unter der Führung von Gustav II. Adolf, Enkel von Gustav Vasa, wurde Schweden zu einer großen Militärmacht ausgebaut. Während des ganzen 17. Jahrhunderts befand sich das Land mehr oder weniger ständig im Krieg. Seine Truppen verwüsteten große Teile des heutigen Deutschland. Im Westfälischen Frieden 1648 gehörte Schweden zu den Siegern und konnte große Landstriche in Norddeutschland übernehmen. Zehn Jahre später wurden auch die Provinzen Skåne, Halland und Blekinge von Dänemark sowie Trondheim von Norwegen erobert. Zusammen mit den Teilen in Norddeutschland und dem heutigen Baltikum stand Schweden an der Spitze seiner Macht.

Französische Einflüsse
Im 18. Jahrhundert waren die Kriege noch nicht vorbei. Aber im Vergleich mit den Jahren zuvor wurde es als friedliches Jahrhundert eingestuft. König Gustav III. (1746–1792) stand unter starkem französischem Einfluss und förderte das kulturelle Leben in seinem Land. Die Oper, das Königliche Theater, das Königliche Ballett und die Schwedische Akademie wurden von ihm gegründet. 1766 bekam Schweden ein etwas liberaleres

Schweden in Deutschland

Im 17. Jahrhundert waren die Schweden wegen der vielen Kriege sehr aktiv in Deutschland. Das gilt vor allem in Vorpommern, wo Städte wie Wismar und Stralsund bis 1815 unter schwedischer Herrschaft standen. Auch die Inseln Rügen und Usedom gehörten im 18. Jahrhundert der schwedischen Krone.

Visbys Stadtmauer wurde 1288 erbaut

Presserecht, das allerdings durch den Putsch von Gustav III. im Jahr 1772 eingeschränkt wurde.
Jetzt wurden die Kriege vor allem gegen Russland geführt. 1809 verlor Schweden seine östlichen Landesteile in Finnland. Aus Frankreich wurde Jean-Baptiste Bernadotte, ein ehemaliger Offizier in Napoleons Armee, nach Schweden geholt und 1818 unter dem Namen Karl XIV. Johan als König von Schweden gekrönt. Er nährte die Hoffnung, dass Finnland schnell zurückerobert werden sollte. Stattdessen wurde Norwegen erobert.

Industrialisierung & Weltkriege
Etwas später als im übrigen Europa fing im 19. Jahrhundert auch in Schweden die Industrialisierung an. Die Reichtümer des Landes dank der Rohstoffe Holz und Erz führten dazu, dass die Städte eine neue Schicht des Bürgertums hervorbrachten, die schnell mehr Einfluss auf die Politik forderte. Gleichzeitig entstand eine Arbeiterbewegung, die die Grundlage für die langjährige und starke schwedische Sozialdemokratie bildete.
In den Weltkriegen blieb Schweden zwar offiziell neutral, es unterstütze allerdings das nationalsozialistische Deutschland. Als große Teile Europas 1945 in Trümmern lagen, stand Schweden mit einer unbeschädigten Industrie da. Das in den 30er-Jahren angefangene Sozialprojekt Folkhemmet („Volksheim“) konnte mit Erfolg weitergeführt werden. So wurde der sozialdemokratische Wohlfahrtsstaat ausgebaut und Schweden erreichte einen der höchsten Lebensstandards der Welt.

Bis heute
1986 wurde einer der berühmtesten Premierminister Schwedens, Olof Palme, auf offener Straße in Stockholm getötet. Der Mord wurde bis heute nie wirklich aufgeklärt.
1990 überrollte die größte Wirtschaftskrise in der modernen Geschichte Schwedens das Land und machte umfassende Reformen nötig.
1995 trat Schweden der damaligen Europäischen Gemeinschaft bei, der heutigen EU. Acht Jahre später wurde in einer Volksabstimmung die Einführung des Euros abgelehnt.
Seit der Jahrtausendwende hat sich Schweden in Sachen digitaler Technik zu einem der innovativsten Länder der Welt entwickelt.

Kanu fahren auf einem der vielen Flüsse

Sport

Die unzähligen Seen bieten gute Möglichkeiten zum Paddeln und die meisten Campingplätze haben eine Kanuvermietung. Für etwas längere Paddelausflüge gibt es mehrere Routen, z. B. entlang der Flüsse **RÖNNE Å** *[www.kanotcentralen.se]* in der Provinz Skåne und **NISSAN** in Småland. Die Strecke entlang des **DALSLANDSKANALS** *[www.dalslandskanal.se]* an der Westküste gilt als eine der schönsten Routen Europas und führt durch bezaubernde Wälder und beeindruckende Aquädukte. Auch in den Schären an der West- und Ostküste ist es möglich, zwischen den Inseln im Meer zu paddeln. Auf der Homepage www.kanotguiden.com (auf Schwedisch und Englisch) des schwedischen Kanuverbands findet man viele nützliche Informationen und Vorschläge.
Wer in Südschweden im Winter Ski fahren will, sollte am besten ins Inland von Småland fahren, weil es dort die größten Chancen für Schnee gibt. Südschweden ist relativ flach, die Skigebiete **ISABERG** *[Isabergstoppen, 330 27 Hestra, Tel. +46 370 33 93 00, www.isaberg.com]* in Småland und **VALLÅSEN** *[Yllevad 154, 312 98 Våxtorp, Tel. +46 54 13 26 63, www.vallasen.se]* in Halland an der Westküste sind die größten.
Wenn die Wetterbedingungen es erlauben, kann man auch in **HAMMARBYBACKEN** *[Hammarby Fabriksväg 111, 120 66 Stockholm, Tel. +46 8 641 68 30, www.skistar.com/sv/hammarbybacken]* südlich der Innenstadt in Stockholm Ski fahren.

Reiten
Viele Reiterhöfe bieten Tagestouren an, auch für unerfahrene Reiter – allerdings oft erst ab ca. zwölf Jahren. Bei jüngeren Kindern wird Sattelfestigkeit vorausgesetzt. Bei **EMMAS ISLANDSHÄSTAR** *[Lövshults Turistcenter, 360 30 Lammhult, Tel. +46 73 819 57 85, www.islandshastar.nu]* in Lövshult in der Provinz Småland kann man auf Islandpferden durch die Bullerbü-ähnliche Landschaft reiten. Von einstündigen Anfängerausritten (360 SEK pro Person) bis zu vierstündigen Touren (680 SEK pro Person) ist für jeden Pferdefan etwas dabei.
Auch während eines Städtetrips nach Stockholm ist es möglich, auf dem Pferderücken zu sitzen. Im Freilichtmuseum **SKANSEN** *[Djurgårdsslätten 49-51, 115 21 Stockholm, Tel. +46 8 442 80 00, www.skansen.se. Erw. 120 SEK, Kinder (6-15 J.) 60 SEK, Kinder (unter 6 J.) frei]* auf Djurgården finden ganzjährig Ausritte mit Ponys für Kinder statt (50 SEK pro Kind).

Wandern & Fahrrad fahren

Auf 89 Etappen führt der Wanderweg **SKÅNELEDEN** *[Information und Karten unter www.skaneleden.se]* über insgesamt 1.000 Kilometer durch die südlichste Provinz Skåne. Die Wege führen durch unterschiedliche Landschaften – von flachen Küsten im Süden bis in die hügeligen Felsen bei Kullaberg im Nordwesten. Einige Strecken sind Rundwanderwege, zwischen 10 und 52 Kilometern lang.

In der Provinz Småland findet man mehrere Themenpfade, wie z. B. den **JOHN-BAUER-PFAD** *[jkpg.com/en/jonkoping-huskvarna/john-bauerleden]* ab Huskvarna beim See Vättern. Der Pfad ist nach dem bekannten Illustrator John Bauer (1882–1918) benannt, der viele Bilder für Märchenbücher gezeichnet hat.

Seit Jahren wächst die Anzahl der Fahrradwanderwege. Im Süden findet man **KATTEGATTLEDEN** *[www.kattegattleden.se]* entlang der Westküste und **SYDOSTLEDEN** *[www.trailsofsouthernsweden.com]* von Simrishamn an der Südostspitze bis Växjö im Inland von Småland – beide mit Unterkünften entlang des Weges.

MÄLARDALSLEDEN, der älteste Fahrradwanderweg Südschwedens, fängt in Stockholm an und führt auf 444 Kilometern rund um die flache Landschaft des Sees Mälaren *[www.swedenbybike.com/cykelleder/malardalsleden]*.

Golf

Durch die relativ günstigen Preise und lockeren Regeln hat sich Golf zu einer Art Volkssport in Südschweden entwickelt. Nicht weniger als 450 Golfplätze stehen zur Auswahl und eine Runde fängt bei erschwinglichen 400 SEK an.

Zu den schönsten gehört der **GOLFPLATZ FALSTERBO GK** *[Fyrvägen, 239 40 Falsterbo, Tel. +46 40 47 00 78, www.falsterbogk.se. Tägl. 6-20 Uhr, Greenfee ab 400 SEK]* auf der Halbinsel Falsterbo.

Wer aber auf der Nummer eins unter den Golfplätzen Schwedens spielen möchte, muss sich auf den 40 Minuten nordwestlich von Stockholm gelegenen Hof Brogård und das **BRO HOF SLOTT GK** begeben *[Bro Hof Slott, 197 91 Bro, Tel +46 8 545 279 90, www.brohofslott.se, April-Okt, Greenfee ab 950 SEK]*. Golf liebende Eltern können nach Göteborg und **DELSJÖ GK** reisen *[Gamla Boråsvägen 25, 412 76 Göteborg, Tel. +46 31 725 05 10, www.degk.se. Driving Range immer geöffnet, 25 SEK/25 Bälle]*. Mit Platz für Kinderwagen, Wickeltischen und Zimmer zum Stillen ist die zentral gelegene Driving Range beliebt bei Familien mit kleineren Kindern.

Schweden vom Pferderücken aus erleben

Index

Impressum

VERLAG: COMPANIONS GmbH, Hopfensack 19, 20457 Hamburg, Tel. 040-306 04-600, E-Mail: info@companions.de, Internet: www.companions.de

AUTOR: Carl Undéhn
LEKTORAT UND SCHLUSSREDAKTION: Anne Beyer
SCHLUSSKORREKTUR: SchlussBlick
LAYOUTKONZEPT: Finny Nguyen
UMBRUCH: Cornelia Prott
DRUCK UND BINDUNG: DZA Druckerei zu Altenburg GmbH

ISBN: 978-3-89740-731-2

BILDNACHWEISE:

imagebank.sweden.se (Ulf Huett-Nilsson S. 5, 25, 57, 112, Conny Fridh S. 6, 20, 81, Johan Willner S. 7, 28, 29, Carolina Romare S. 8, Synove Borlaug Dufva S. 11, Melker Dahlstrand S. 13, Lola Akinmade Akerstrom S. 14, Magnus Skoglof S. 15, Fredrik Nyman S. 17, John Sander S. 19, Helena Wahlman S. 23, Henrik Trygg S. 27, 80, 104, 121, Jenny Leyman S. 30, Folio S. 34, Aline Lessner S. 35, Ann-Marie Tholander S. 41, Emelie Asplund S. 62, Tuukka Ervasti S. 65, 108, 114, 123, 125, Simon Paulin S. 66, 67, 79, Göran Assner S. 69, Ola Ericson S. 74, 84, 116, Cecilia Larsson Lantz S. 77, Jörgen Wiklund S. 87, Silvia Man S. 102, Sara Ingman S. 111, Amanda Westerbom S. 115, Lena Granefelt S. 118, 128, Ulf Lundin S. 124)
Fotolia.com (jonybigude S. 21, Seamaritime S. 24, crimson S. 26, Ivan Stanic S. 37, badahos S. 43, bill S. 54, Petra Barz S. 55, fotonen S. 83, tinadefortunata S. 95)
Thinkstock/Lisa S. 12, Tony B. S. 22, Werner Nystrand/Malmotown.com S. 32, 33, Carl Undéhn S. 36, 39, 44, Tannus Photography/Mickael Tannus/www.tannus.se S. 40, Småland Turism S. 45, AB Destination Småland/Cathrine Rydström S. 47, Magnus Bremefors/Småland Turism S. 48, pixabay/Efraimstochter S. 50, 52, 53, Markus Luiga S. 58, Louise Asp S. 59, Lennart Hellerkrans S. 60, Anders Dernback S. 70, Jens Junge S. 71, ASSY S. 73, 119, High Chaparral/Patrik Svedberg S. 85, 90, 91, Nordens Ark/Tom Svensson S. 86, Universeum Göteborg S. 88, Skara Sommarland/Jesper Anhede, Isaberg/Patrik Svedberg S. 92, Kungsbygget Äventyrspark S. 93, Skånes Djurpark/Andraes Aberg S. 94, Helena Ferry S. 96, Kolmårdens Djurpark S. 97, Peter Segemark/Nordiska museet S. 98, Megamind/Anna Gerdén S. 99, Barnens Ö/Stefan Andersson S. 100, JohnerRF/Ulf Huett Nilsson S. 101, Jens Junge S. 105, Martin Svalander S. 107, Manja Michael S. 120
Titelfoto: Stocksy/Evgenij Yulkin